女性のための
サイクリングガイド

おしゃれでカッコいい自転車のライフスタイル

キャシー・バッセイ 著
大田 直子 訳

Contents

はじめに 6
私のサイクリング歴 8

1. 自転車好きになる 10
知らないかもしれませんが、今、サイクリストが急増中です。 13
女性が自転車に乗らない10の理由 18

2. 自転車の選び方 24
ありとあらゆる自転車から誰でもぴったりのものを見つけられます。 27
自転車の種類…28／自分に合う自転車を選ぶ…33／自転車店で買う…39／中古品を買う…40

3. 前向きにまずスタート！ 42
選び抜いて買った自転車にテンションは最高潮！さっそく外に出て乗ってみましょう。 45
自転車に慣れるエクササイズ…46／道路を走る感覚と交通安全…47／自転車のある生活に慣れる…51／自転車レーン：イギリスの場合…52／こんな言い訳はなし…54

4. サイクリングはオールシーズン 58
やる気満々で意欲的な今こそ、自転車を日常生活に組み込むことを考えよう！ 61
自転車通勤…61／体力づくりのためのサイクリング…63／サイクリング用の服装…64／季節ごとの服装…71／おすすめの食事と栄養…72／サイクリングのためのストレッチ…76

5. カッコよく自転車に乗るには　78
女性自転車界に革命がおこり、今や自転車は"オシャレ"なのです。　81
かわいい＆カッコいい最高のブランド…82／究極のサイクリング美容法…86／憧れのサイクリストたち…90／サイクリングと妊娠…94

6. 自分で出来るメンテナンス　96
あなたの自転車を愛して大切に扱ってあげれば、心地よいサイクリングを味わうことができます。　99
欠かせない商売道具　99
自転車メンテナンスのカレンダー…100／アフターサービス…102／チェーンのメンテナンス…104／インナーチューブを交換する…107／パンクを修理する…110／サドルとハンドルバーを調整する…111

7. 自転車に乗るシーン　112
さあ、いよいよあなたのサイクリング生活を次のステップへ進める時がきました。　115
自転車に乗って何ができるか…117／自転車競技種目…120／自転車とともに生きる…124

ブランドと販売店　126
索引　127

Design　Carl Hodson and Maria Lee-Warren
Editor　Rebecca Woods
Production　Toby Marshall
Art Director　Leslie Harrington
Editorial Director　Julia Charles
Ilustrations　Qian Wu and Chloe True

Original Title : the girl's guide to life on two wheels by Cathy Bussey

First published in 2013 by
Ryland Peters & Small
www.rylandpeters.com

Text © Cathy Bussey 2013
Design and illustrations © Ryland Peters & Small 2013

はじめに

2012年は自転車界にとって驚くべき年でした。ヴィクトリア・ペンドルトン、クリスティン・アームストロング、ローラ・トロット、リジー・アーミステッド、ダニー・キング、ジョアンナ・ロウセル、サラ・ルトーリーなど、一流の女性自転車競技選手の業績によって、このスポーツがかつてないほど女性たちをとりこにしました。

しかし2012年は花を添えたにすぎません。何年も前から女性の自転車界は活気づいていましたから。ヴィクトリア・ペンドルトンやクリスティン・アームストロングのような人気者が先頭に立ってきましたが、この動きは国際的に注目されているのと同じくらい、一般市民に根づいているのです。

ファッションデザイナーもアーティストも写真家も、サイクリングから刺激を受けています。自転車に乗っている女性ならではの優雅さとスタイルには、時を超えた魅力があります。膨大な費用と時間を必要とする多くのスポーツや趣味と違って、サイクリングは誰にでもできます。

かつてサイクリングは、国際的な舞台でも市民レベルでも男性に独占されていました。このことは、市場で手に入る自転車やアクセサリーの品ぞろえにも反映されていました。

さいわい、流れは変わりました。販売店もデザイナーもメーカーも、女性が自転車に乗りたがっていることを意識しています。しかも、女性は自分のスタイルを犠牲にしたくないことを意識しています。ヴィクトリア・ペンドルトン自身がデイリー・テレグラフ紙に言っています。「たいていの女性は自転車に飛び乗る前に無理やりライクラを着たくありません」。

そしてそんな必要はもうありません。女性たちの間でサイクリングへの関心が高まるとともに、まったく新しいおしゃれな流行のサイクリングウェアとアクセサリーの世界が出現しました。

本書は、レベルに関係なく、サイクリングをしたい女性のための本です。サイクリングをする理由はさまざまです。サイクリングは楽しくて、環境にも財布にもやさしくて、おしゃれで、そしてとにかく心地がよいもの、それだけです。

サイクリングによって少し生活が変わるだけで、大きな変化が起きるかもしれません。本書の取材中、私は大勢の女性から自転車が自分の生活に与えたプラスの影響について聞き、その証言の一部を本書に再現しました。サイクリングを始めることにしたのは、人生最高の決断のひとつだった、というメッセージが確かに伝わってきます。

ヴィクトリア・ペンドルトンは、イギリスの女性限定サイクリングイベント、サイクレッタの開会式で、こう見事にまとめています。「女性のみなさん、私と一緒に自転車に乗りましょう。趣味として、スポーツとして、体を鍛えて健康になる方法として、理由はどうであれ、サイクリングであなたの人生はもっと良くなります」。

子どものとき以来久しぶりに自転車に乗ろうと考えている人も、自転車の乗り方を習うところから始めようと考えている人も、自分なりのサイクリング歴を始める決心するのに、この本の情報やヒントがきっと役立つでしょう。

私のサイクリング歴

　幼少時から10代にかけて、私はどこに行くにも自転車に乗っていました。私が育った小さい村では公共交通機関がほとんどなかったので、自転車はとにかく理にかなっていました。しかしひとたび運転免許を取ると、どこへでも車を飛ばすことの目新しさのほうが魅力的になって、自転車は放っておかれるようになりました。そのあと大学に通い、就職して、自転車は何年も私の眼中には入りませんでした。今思うと、とくに理由はありませんでした。とにかく自転車のことなど頭に浮かばず、歩くか、車に乗るか、公共交通機関を利用していたのです。その一方で、膨大な時間とお金を費やして、ジムで走ったり、トレーニングしたり、退屈なエアコンのきいた部屋で、MTVをぼんやり見つめながら、無意味にステップを踏んだりしていました。その間も、あとどのくらいで終わらせて家に車で——そう、車で！——帰れるかと考えていました。

　ロンドンに引っ越してようやく、私の視野が変わりました。自転車に乗る人たちに注目するようになったのです。私は通勤のために混んだ電車に乗り、退屈で不快で暑い時間を過ごしていました。身近な人たちは、自転車に乗って半分の時間でさっそうと通勤していました。それでも私にはピンと来ません。自転車通勤は「他の人たち」がやることで、私は自分には「できない」と思い込んでいたのです。遠すぎるし、自転車を持っていないし、汗まみれで顔をほてらせて職場に着くのはいやだし、時間がないし、道具を何も持っていないし。言い訳は延々と続きます。「自転車に乗りたいけど、私にはできない……」と残念そうに言ったものでした。

　そんなある日、二年間自転車通勤をしていた私のボーイフレンドが、自分の自転車と職場までの道に線を引いたロンドンの地図を私に残して、数日留守にしました。私は試しに乗ってみて、「自転車に乗るようなもの」という言い回しには理由があるのだとわかりました。安全に自転車に乗るための本能、能力、そしてスキルは、しっかり体に染みついていて、すぐにそれを引き出すことができました。

　翌日、私は自転車で職場に行きました。10キロ走るのに50分かかり、約3分に1度は立ち止まって、地図を確認しなくてはなりません。でも、到着したときの達成感は半端ではありませんでした。シャワーを浴び、着替え、デスクにすわったときの、新鮮でシャキッとしてエネルギッシュな感覚。電車からオフィスまで夢遊病者のように歩いてきて、ぼんやりとあくびをしている同僚を見て、なぜみんな自転車にしないのかしら、と思いました。給料日が来ると、電車の乗車カードを破り、一番近い自転車店に行きました。店を出たときには、一番安くてベーシックで、自分にとっては世界で一番美しい自転車を手に入れていました。

　私はサイクリングの何もかもが気に入りました——自由、自立、節約、達成感、健康と体型への効果。しかし、熱心な有名人の賛同者がいるにもかかわらず、一見したところ自転車に乗る行為そのものは、流行の最先端とは思えませんでした。自分が流行の最先端にいるとはまったく思っていませんが、そんな私でも、売られている従来の「サイクリング用具」には拒絶反応が起こりました。ウェアは体にぴったりか、蛍光色か、ライクラか、場合によっては3つすべてでした。アクセサリーは黒か、グレーか、紺色、たいて

下：このゴージャスなピンクの
パシュレイ・ポピーに私は一目ぼれしました。
これは私の「特別な日の」自転車です。
美しすぎて普段の移動には使えません。

い飾りはなく、楽しい色のものはありません。売られているサイクリング用バッグは、がっしりした頑丈なリュックか、グレーの荷かごだけ。すべてが男性向け、もっと言えば、ばかばかしいほど高価なカーボンフレームの自転車と、黄色いジャージと、「ウェットルブ」とかいうものも買う男性向けでした。

　そんなある日、文字どおり私の人生を変える新聞記事を読みました。イギリスのカリスマ的なファッションショップが、女性向けのデザイナーズ自転車用アクセサリーの販売を始めるというのです。そんなコンセプトが存在しうるとは思いもしませんでした。私はあれこれ調べて、サイクリングのまったく新しい次元を発見しました。

　楽しくて実用的なだけではありません。サイクリングは本来おしゃれなのです。女性のサイクリスト向けに、丁寧に作られた美しい製品を売っている専門のオンラインストアがあることがわかりました。女性限定のサイクリングイベントや大会、自転車のチャリティーイベント、夜通しの海岸サイクリングもありました。サイクリングにまつわるコレクションを企画しているファッションデザイナーもいました。あらゆる二輪のものへの愛情を再発見したのは、私だけではなかったのです。サイクリングはヴォーグ誌にも特集されました。

　私たちは一巡して元の位置にもどったのです。サイクリングはいま、本来あるべき場所を占めています。もう一度、粋でおしゃれで、自由と力を与えるものになったのです。

　もしあなたがサイクリングを始めようと考えているなら、あるいはサイクリングについて考えている人を知っているなら、この本はきっと役に立ちます。サイクリングに関する一般的な考え方を紹介し、安全に、そしてお望みならおしゃれに、自転車に乗る方法をお教えします。自転車の選び方、手入れのし方、パンクした場合にやるべきことについても、情報を提供します。日常生活にサイクリングを組み込む方法や、寒い冬の雨の日にちょっとやる気が失せるとき、モチベーションを保つ方法についても考えてみました。有

上：私が笑顔で乗っているのが、頼りになるピナクルのハイブリッド自転車。率直に認めますが、これにはとても思い入れがあります。

名なサイクリストからの刺激的なアドバイスが載っていますし、増えつつあるサイクリングの場を最大限に生かせるので、健康や預金残高だけでなく、人づきあいのためにも役立ちます。この本に情報を提供してくださった多くの女性と同じように、自転車を始めることは、これまでやってきたことのなかでも最高にすてきなことだとわかるでしょう。

　ひとつ警告しておきます。サイクリングにはきっと病みつきになります。自転車は普段用に1台と特別な日のために1台、合わせて2台必要だと確信する段階に達したら、あなたはサイクリングに取りつかれたということです。

私のサイクリング歴　9

第1章　自転車好きになる

why cycle?

知らないかもしれませんが、今、サイクリストが急増中です。

　とびぬけて有能な女性が国際舞台で金メダルを獲得していることをおぼろげに記憶している人や、最近やたらと道路で自転車を見かけると何気なく言っている人は、自転車に乗る女性が以前より大幅に増えていることに気づいているでしょう。女性のサイクリングは復活しています。しかも大々的に。

　自転車は19世紀以来ずっと、女性に力を与えてきました。おんぼろ自転車のおかげで私たちのひいひいおばあちゃんは自由になり、それまで夢でしか見られなかった自立を手にしました。つねに男性に付き添ってもらう必要がなくなったのです。コルセットや床までのスカートや巨大な下ばきなど、おそろしく暑くて重くて動きにくい衣服から、女性は解放されたのです。サイクリングは男女平等や女性参政権運動、そして女性はもはや陰の存在ではないという考えの代名詞になりました。

　今日、移動や健康増進の手段として、もっとずっと魅力的に思える選択肢がいろいろありますが、自転車による新たな自由を発見している女性が増えています。考えてみれば当然のことです。自転車はどこに行くにもうってつけ。私たちはみな日常的に移動しますが、自転車に乗るのは運動と移動の方法として最高です。速く、安く、健康的で、環境にもやさしい。ほかの移動手段にはない自立と自由を感じられます。

　生まれてから一度も自転車に乗ったことがない女性はまれです。でも、もしあなたがその1人でも、覚えるのに遅すぎることはありません。多くの人にとって、幼いころは自転車が唯一の遠くへの移動手段でした。その後、親に乗せてもらう車、バス、電車、または自分の車のほうが、手軽で実際的な手段に思えるようになりました。

　しかし考えてみると、現実に自転車ほど魅力的な移動手段がほかにあるでしょうか。車は高価なうえに環境を汚染し、渋滞は今やほぼ避けられません。バスは遅いうえに込んでいて、夏は暑く冬は寒い乗り物です。電車や地下鉄にはストレスを抱えた怒りっぽい乗客がぎゅう詰め。誰かの車に乗せてもらう場合、その人の予定に合

下:自転車は19世紀以来、明らかに女性に力を与え、自立と知性と流行の象徴になっています。

わせなくてはなりません。決定的なのは、これらの移動手段は健康増進にも、ストレス解消にも、腿やおしりのような難しい部位の引き締めにも、役に立たないことです。これを読んで「でも私はどこへでも歩いて運動をしているわ」と思いますか？ サイクリングからはもっと多くのメリットを感じられ、しかもはるかに早く動き回れます。

　道路上のサイクリストは空前の数になっており、自転車は究極の移動手段として自動車に取って代わりつつあります。不景気、環境問題への意識、自転車本来のおしゃれなスタイル、座ってばかりの生活への不安があいまって、大勢が自転車に乗る気になっています。速くて、効率的で、手ごろで、健康的で、環境にやさしいなら、好きにならないわけがありません。なぜみんなやらないの？ ファッション界の第一人者ヴィヴィアン・ウエストウッドが、移動するのにすてきな年代物のパシュレイを選ぶなら、他の人にもいいに決まっています。ファッション界の巨匠自身がロンドンペーパー紙に言っています。「移動に便利で速いのよ。必要な場所にはハイヒールをカゴに入れて持って行くの」。その場所に映画のプレミア試写会も含まれています。ヴィヴィアンは環境映画『愚かな時代』のプレミア試写会に、すてきなロングドレスを着て、自転車で行ったのです。

　自転車に乗るファッション業界人はヴィヴィアンだけではありません。モデルのアギネス・ディーンはニューヨーク・ファッション・ウィーク期間中、自転車でショーを行き来することで知られています。ハリウッド・スターのナオミ・ワッツも、息子のアレクサンダーをおんぶして自転車でニューヨークを走っていました。『バフィー　恋する十字架』のサラ・ミシェル・ゲラーは、ピンクのヴィンテージ自転車と写真を撮られています。この自転車そのものにネット上のファンがいます。自転車に乗るセレブはまだまだたくさんいます。

Why I cycle

「大胆に自転車に乗って公共交通機関に頼らずに行きたいところに行ける人たちを、いつもうらやましく思っていたんだけど、ロンドンの地下鉄のストライキが、ついに私の背中を押したの。私が自転車に乗るのはおもに移動のためだけど、健康のためもあるわね。行きたいところに行けるし、かかる時間が正確にわかるのがいい。引き締まった脚も気に入っているの。頭がすっきりして、考えごとをするにもいいし。それにサイクリングは自立と知性の象徴で、つねにカッコいいと思うわ」

——ローラ、33歳

「移動に便利で速いのよ。必要な場所には
ハイヒールをカゴに入れて持って行くの」。
——ヴィヴィアン・ウエストウッド

上右：映画のプレミア試写会に
さっそうと現れた
ヴィヴィアン・ウエストウッド。
どんな人も自転車に乗っていると
写真に撮られるのは、
サイクリングの高いファッション性の証。

2012年ロンドン五輪の決勝で
アンナ・メアーズと争う
ヴィクトリア・ペンドルトン。

　イギリスのオリンピック金メダリスト、「クイーン」・ヴィクトリア・ペンドルトンは、同じくオリンピック選手のローラ・トロット、リジー・アーミステッド、ダニー・キング、ジョアンナ・ロウセルとともに、イギリスや世界における女子自転車競技の認知度を高めることに貢献しています。イギリスチームの自転車競技女子選手は、女性に力を与える自転車の輝かしい伝統を引き継ぎ、男子自転車競技と平等の地歩を固め、2012年ロンドン五輪ではほぼ全勝して、自転車は「男のスポーツ」で、男子競技のほうが「エキサイティング」だというばかげた発言を一掃しました。イギリスチームの女子選手が自転車競技で金メダルを逃すのはごくまれです。とくに有名なのは、アメリカの伝説的選手で金メダルを2つ獲得しているクリスティン・アームストロングが、2度目の最高賞に輝いたタイムトライアルです。38歳で2児の母でもあるクリスティンは、2009年にもタイムトライアルの世界チャンピオンになっています。彼女はヴィクトリア・ペンドルトンとともに、世界で最も有名な女子自転車選手であり、世界中の女子選手に刺激を与える役割を

16　自転車好きになる

自転車と私
ダニー・キング、オリンピック女子団体追い抜きチャンピオンで世界記録保持者

ダニー・キングは次世代を担うイギリスの優秀な女子自転車競技選手の1人で、ローラ・トロットやジョアンナ・ロウセルとともに金メダルを獲得しました。

「自転車のいいところはたくさんあります。何よりも外でのトレーニングが好きです。とくに天気がいい時や、初めての道路を走る時がいいですね。友だちと一緒にトレーニングをして体を鍛えるのには最高でしょう。

フルタイムで自転車に乗るようになって以来ずっと、自転車は私の生活の中心です。トレーニングとレースの日程で1年の計画が決まり、自転車が最優先です。これまで最高の成績はオリンピックの金メダルです。地元の応援と世界記録のおかげで、さらに特別なものになりました。

フルタイムで練習している人はたいていそうですが、前のレースの疲れを感じていると、屋外に出るのがつらいと思うこともあります。一番苦労するのは1人で乗るときです。単独でも全然平気という人もいますが、これから長い距離を走るのに一緒に行く人が誰もいないと、私はなかなかやる気が出ません。もっと大局的に考えて、自分が練習に専念できる立場にいるのがどれだけ幸運かを思い出すようにします。

サイクリングはすばらしい活動です。新しい友だちに出会い、体を鍛え、しかも健康でいられるのですから」

果たしています。こんなすばらしい女性がいる世界に加わりたくない人がいるでしょうか。

このような明るいニュースがある一方で、もっと大局をとらえると、自転車に乗る人の数は増えていても、まだ男性の増え方のほうが女性より大きいのが実情です。現在、統計的に自転車に乗る可能性は女性より男性のほうがはるかに高いのです。これにはさまざまな理由があり、この本でその理由を検討していきます。乗り越えられないように見える障壁も、実は簡単に打ち破れるのです。自転車に「乗れない」女性はほとんどいません。サイクリングのすばらしいところは、多くの障がい者も含めて、ほぼ誰にでもできるところです。2012年ロンドン・パラリンピックで、勇気ある男女がそのことをきっちり証明してくれました。たいていの場合、そっと一押しするだけでサイクリングに踏み出せるのです。メリットがすぐに感じられ、やがて実際に目に見えてきます。そしてあっという間に本当に自転車中毒になっているでしょう。

自転車好きになる　17

女性が自転車に乗らない10の理由

どんな状況でも、自転車を生活に取り入れる方法はあります。だから言い訳は忘れて。「できない」と思い込むのはやめて、どうすればできるかを考えましょう。

1 「時間がない」

これこそ自転車の醍醐味、時間の節約になります。買い物に行くにも、歩くより、渋滞をのろのろ進むより、自転車のほうが早道です。ジムまで車で行って40分運動するより、自転車に乗るほうが早道です。混雑した街中を歩いたり、電車に乗ったり、車で移動するより、自転車に乗るほうが早道です。田舎でバスを待つより、自転車に乗るほうが早道です。通勤にもほかの移動手段を使うより、自転車のほうが早道でしょう。

サイクリングは自分への投資です。自分の心身の健康と幸福のための投資です。自転車に投資の価値がないなら、何にあると言うのでしょう。自分のために時間をつくりましょう。テレビの前のソファーで過ごす1時間を、自転車に乗って過ごしましょう。自分ではどんなに疲れていると思っていても、自転車に乗ったほうがはるかにいい気分になります。

2 「自転車に乗れる体ではないから、まず体調を整えて体重を落とさないと」

自転車に乗れる体をつくる最善の方法は、自転車に乗ることです。好きなだけゆっくり始めていいのです。誰かが時間を計ったり、評価したり、監督したりするわけではありません。ごく短い距離から始めて、少しずつ延ばしましょう。すぐに体調がよくなってきます。サイクリングは体に無理のない運動です。ランニングなどの有酸素運動では、関節に衝撃を与えるおそれがありますが、自転車はその心配なしに、カロリーをたくさん燃やせます。しかも1時間で500カロリー以上の消費は、1時間のウォーキングや水泳を上回ります。体を鍛える理想的な方法なのです。やる気を高める必要があれば、自転車競技会に申し込んで、それを目標に努力しましょう。

脚と腰への配慮が大切ですから、体を自転車に適した状態に保つための基本的なストレッチと運動を第4章で見ていきます。

③「私が住んでいるところは渋滞がひどい」

渋滞は避けがたい現実です。都会に住んでいる場合やラッシュアワーに自転車に乗る場合、渋滞への対処法を学ばなくてはなりません。役立つものがいろいろあり、混雑した道路で自転車に乗るのは、思うほど難しくありません。たいてい一番の障害は自信なのです。自転車インストラクターに数回教えてもらえば、渋滞への対処法を身につけ、最悪に混んでいる道路でも自信を持って自転車を走らせることができるようになります。代案のルートも検討しましょう。主要道路を避けて、狭い静かな道路や、未舗装の道や、自転車用通路を行くことができます。

④「サイクリングは危険じゃない?」

統計を見てみましょう。イギリス事故防止協会によると、2011年にイギリスで自転車がからむ事故は1万9000件あまり報告されています。そのうち死者が出ているのは107件、重傷者が出たものは3085件、大半を占める1万6023件は軽傷ですんでいます。

ロンドン・スクール・オブ・エコノミクスによる報告書で、2010年のイギリスのサイクリスト数は推定1300万人とされていることを考えると、事故の可能性は確かにあるとはいえ、とても小さいように思えてきます。事故防止協会の報告によると、2011年の車のドライバーがかかわる事故は20万3000件です。車を運転する人のほうが自転車に乗る人よりはるかに多いのは確かですが、数だけで見ると事故に巻き込まれるリスクがはるかに高いのに、車に乗ることを「危険」だと言う人はいるでしょうか?

アメリカの数字も似たようなものです。道路交通安全局のデータによると、2010年の自転車での死者は618人、負傷者は5万2000人。2009年の死者630人から減少、1995年の死者830人から大幅に減少しています。

何をするにもリスクはつきものです。どんな移動手段も100パーセント安全ではありませんが、人生で100パーセント安全なものはありません。確かに事故は起きていますし、悲劇的な結果を生むおそれはありますが、そのこと自体は、車を運転しない、電車に乗らない、あるいはバスに乗らない理由にならないのと同じように、自転車に乗らない理由になりません。それどころか、道路を走るサイクリストが増えれば増えるほど、車のドライバーなど他の道路ユーザーが自転車に注意することを覚えますから、サイクリングは安全になります。

❺「子どもがいるから」

子どもも自転車に乗らせましょう！　サイクリングは実に家族向きの趣味です。子どもはすぐに自転車に乗れるようになります。なにしろ、たいていの人は子どものときに覚えたでしょうから。朝、子どもを自転車で学校に送り、放課後や週末に家族で自転車に乗りに出かけしましょう。妊娠前の体形を取り戻す方法としても効果的です。赤ちゃんを乗せるために自転車の後部にきちんと装着できるベビーシートが売られていますし、幼児を小さい自転車かトレーラーに乗せて引っ張るための付属品もあります。

自転車の後ろに赤ちゃんを乗せる気にならないなら、自転車に乗って過ごす時間を貴重な「自分の時間」として使い、ストレスを解消し、親であることの責任を一時的に忘れましょう。30分でいいから！

下：サイクリングはまさしく
家族向きで、
小さい子どもたちと動き回るのにも、
妊娠前の体形を取り戻すのにも、
最高の手段です。

6 「ばかみたいに見えないか心配」

自信がつくまでは、自転車に乗っているところをパートナーや友人や家族に見られたくないのなら、人目につかない場所でこっそり練習しましょう。他のサイクリストや道路ユーザーの前でばかみたいに見えないか心配だとしても、知らない人が自分のことをどう思うか、なぜ気にするのですか？ 最後に自転車に乗っている人を見て、「うわあ、ばかみたいに見えない？」と思ったのはいつでしょう？ 一度もないはず。だから、あなたのことをそう思う人もいないはずです。

できるだけ穏やかに言います――誰もあなたを見たり、批評したり、審査したりしません。あなたがどう見えるかを本当に気にしているのは、あなただけなのです。他人が自分をどう思うか、他人に自分がどう見えるかについて、気にしすぎです。他の人はみんな、自分のことに忙しくて、あなたにそれほど注意を払いませんよ！

7 「天気の予想がつかない」

天候に合った服を着て、予想外の土砂降りに備え、バッグに常に軽い防水ジャケットを入れておきましょう。寒い時、風が強い時、湿っぽい時は確かにありますが、そういう時のために、暖かいフリースや手袋や防水ジャケットがあるのです。自転車に乗っている時に寒さを防ぐ賢い方法を、第4章で紹介します。それに覚えておいて。冬の冷気の中を爽快に自転車で飛ばしたあと、暖かい家で熱いお風呂に入ることほど、気持のよいものはありません。体の外側だけでなく内側も暖かくなります。

8 「パンクの修理に自分の時間をすべて費やすのはいや」

パンクは決して毎日起こることではありません。実際起こっても、パンクしたタイヤの修理は、思うほど難しくも大変でもありません。5分でできる仕事です。第6章で基本的なメンテナンスを確認しましょう。

スパナを握る時間を最小限に抑えたいのなら、タイヤチューブに入れるパンク防止剤のスライムや、パンク耐性のケブラータイヤのような、最先端技術に投資しましょう。そうでなければ、近所の自転車店に立ち寄って、難しい仕事を専門家にやってもらいましょう。

⑨「暑くて汗をかいて目的地に到着するのはいや」

自転車で通勤する場合、最近ではそういう従業員のためにシャワーを備えているオフィスがたくさんあります。あなたの会社にない場合や、すぐにシャワーが使えない場所に自転車で行こうとする場合は、前もって計画しましょう。強力なデオドラントと、汗を発散する生地でつくられたウェア（第4章参照）に投資して。最後の2〜3キロは楽に流して、クールダウンする時間を取ること。デオドラント、タオル、そしてトップスの着替えを荷物に入れること。正式に到着する前に、化粧室でさっぱりする時間を5分取りましょう。

⑩「ライクラが似合う人はいない」

自転車に乗るにはライクラを着なくてはならないという決まりはありません。第5章で紹介しているように、きれいで実用的なサイクリング用のウェアやアクセサリーを開発する流れがあり、選択肢も豊富ですから、何を着て自転車に乗ろうか迷うかもしれませんよ！

Why I cycle

「自転車を始めたのは5年くらい前で、運動になるし景色も楽しめるので、田舎を長距離走っています。私にとってサイクリングは本当に大切。移動し、体を鍛え、世界を見る、お気に入りの手段ですね。自転車で通勤するには疲れているなと感じるとき、バスに乗ることがあるの。そうすると、いつもより倍の時間がかかることを思い出して、自転車で来ればよかったと必ず後悔するわ」──ルー、32歳

左：ライクラを
まったく身に着けずに、
カッコよく自転車に乗ることは
可能です。

田舎を探検するのに
自転車に勝る方法はありません。

第 2 章　自転車の選び方　2

choosing a bike

ありとあらゆる自転車から誰でもぴったりのものを見つけられます。

　自転車はA地点からB地点まで行く機能を備えている必要がありますが、自転車でどう自己表現したいかも考えてください。自転車は車やハンドバッグや靴と同じようにアクセサリーです。自分の自転車を愛する必要があるのです。愛していれば、使う頻度が多くなり、よく手入れをして、たくさん投資をするようになります。あなたが笑顔になり、誇りに思い、飛び乗りたい気持ちになる自転車でなくてはなりません。最終的に、クラシックなショッパー、スピードの出るロードバイク、イケてる固定ギア(フィクシー)など、何かしらの自転車に心が決まったら、たぶんあなたのライフスタイルに合わせて改造することができるでしょう。

左と上：どんなスタイルにもぴったりの自転車があります。

自転車の選び方　　27

自転車の種類

マウンテンバイク

　マウンテンバイクは自転車界の四輪駆動ですが、白い目で見られる「高燃費」の意味合いではありません。超高速というより頑丈で実用的で、かなりとがったものが刺さっても耐えられる、厚くて幅広のグリップ力が高いタイヤを備えています。フレームは太く、ブレーキはよく効き、ギアは合理的な必要性を超えるほどたくさんあります。サスペンションがついているものもあり、これで車体は重くなりますが、でこぼこの地面で跳ねてもスムーズに乗ることができます。

利点
　長持ちし、オフロード走行や一般的なでこぼこ道を走るのに適していて、パンクしにくく、かなり手ごろな価格で、あまり手がかかりません。

欠点
　太いタイヤのせいで滑らかな地面でスピードが出ません。重くて扱いにくいかもしれません。

ロードバイク

　ロードバイクは自転車界のポルシェ。滑らかで、コンパクト、軽量、ドロップハンドルが特徴的。タイヤは細く溝がないので、道路での移動は電光石火の速さです。一番のセールスポイントはスピード。断トツに速い自転車で、乗っている人は信頼を置いています。

　その反面、超細いタイヤはパンクしやすく、ホイールが繊細です。ホイールが曲がるのが怖いので、ロードバイクででこぼこ道を走りたくはないでしょう。少し壊れやすく不安定なので、初心者には快適でないかもしれません。

利点
　速い、速い、速い！　軽量でコンパクト。

欠点
　パンクしやすく、ホイールがあまり丈夫でなく、高価で、かなり手がかかり、まったくの初心者には向かないかもしれません。

28　自転車の選び方

ツーリングバイク

　素人目には、ツーリングバイクとロードバイクはほとんど同じに見えます。似たフレームですが、ツーリングバイクのほうが少し丈夫で安定した構造です。タイヤはいくぶん幅広で、短距離のスピードではなく、長距離の乗り心地に合わせてつくられています。さまざまな地形に適するように、ロードバイクよりもギアが多いものもあります。それでもマウンテンバイクほど頑丈ではありません。車のたとえで言えば、ツーリングバイクはメルセデスのセダンで、高性能と快適さが調和しています。

利点
　快適で、スムーズで、長持ちするつくり。

欠点
　高価なものもあり、オフロード走行には適さず、スタイルより性能重視。

ハイブリッドバイク

　両方のいいとこ取りと言われるハイブリッドバイクは、マウンテンバイクの頑丈な強さと、ロードバイクの速さを併せ持っています。とても細身で平らなハンドルバーのレーシングスタイルに近いものから、溝なしタイヤをつけた骨太なマウンテンバイクのモデルまで、いろいろあります。車にたとえるなら、中級のセダンかクーペでしょう。実用的で、手ごろな価格で、それでもとても愛らしい自転車です。

利点
　ロードバイクより強く、マウンテンバイクより速く、移動手段や娯楽サイクリングに最適。

欠点
　多芸は無芸で、ハイブリッドはロードバイクやツーリングバイクほど速くはないし、マウンテンバイクほど丈夫ではないし、クラシックなショッパーほど華麗でもありません。

折り畳み式

　折り畳み式自転車は通勤者の世界ではおなじみです。このかわいらしい小さいやつらは、見事にコンパクトに折り畳まれるので、電車移動や小さい家での保管に最適です。広げて組み立てれば、おっとびっくり、ほれぼれするほど妙な外観でもきちんと走る自転車が現れます。折り畳み式は安くありませんが、ほぼどこにでも持ち運べて、盗まれる心配がほとんどないことを考えると、持ち主は投資するだけの価値があると思っています。折り畳み式自転車を車にたとえることはできません。折り畳める車を知っていますか？

利点
　小さくて万能、機能的、実用的、ほぼどこにでもしまえて、盗まれる心配がほとんどありません。

欠点
　都会の通勤者向けに設計されているので、純粋な娯楽サイクリングには最善の選択ではありません。値が張るかもしれません。

ショッパー

ダッジサイクルとも呼ばれる美しい自転車で、魅力的なスタイルとデザインが特徴です。上のパイプが低く曲線を描き、ギアはほとんどなく、ハンドルバーはカゴを取りつけてと言わんばかりに高い位置にあって、サドルは大きくて快適です。これは自転車界のクラシックカーで、エレガントに走るのに最適です。女性らしさが光り、見ているだけで、夏の草地をのんびりピクニックするためにサイクリングするところや、カゴに花とバゲットを放り込んで街をゆっくり走るところを想像できます。

重くて、遅くて、機能的には最低限かもしれませんが、見た目がとても美しいので、あまり気になりません。昔、ショッパーは黒かクリーム色でしたが、今はメーカーが豊富な色をそろえています。

利点
とにかく見て！ この華麗なマシンはスタイリッシュで少し古風な自転車の美しさを完璧に表現しています。上のパイプが低くカーブし、スピードが出ないことから、ライクラを着て道路を疾走する人より、ふわっとしたドレスを着てスイスイ走る人にぴったりです。

欠点
重くてかなり初歩的なので、オフロード走行や、起伏が多すぎる地形を走るのには向きません。

> **What I ride**
>
> 「私のは女性用ショッパーで、そのすべてが大好き。クロスバーがとても低いので、スカートをはいているときでも、飛び乗ったり飛び降りたりすることができるの。私はスピードを出すのが好きなので、かわいそうなブレーキはいつも悲鳴を上げているわ。私の自転車は厳密にはハードな使い方をするようにつくられていないと思うけど、いつも私の行きたいところに立派に連れて行ってくれるの」
>
> ——ジャニー、26歳

自転車の選び方　　31

シングルスピード、固定ギア

　シングルスピードや固定ギアのいわゆるフィクシーは、基本中の基本まで機能をそぎ落とした自転車です。2つのホイール、2つのペダル、1つのフレーム——それだけです。細いフレームに、フラットまたはドロップのハンドルバー、そして人目を引く色。カスタマイズやアクセサリー装着を待っている自転車で、本当にこの世に1台しかないものにできます。坂がないので町中をギア1つで楽々と走り抜けられる地域で人気があり、世界中の流行に敏感な人たちに愛されています。シングルスピードの自転車は後輪ブレーキがついているのに対し、フィクシーはほとんどついていません。フィクシーにはフリーホイール機構がないので、ペダルが動いているときしか自転車は動きません。ブレーキをかけるには、ペダルの動きを遅くするか、止めるしかありません。この自転車も車にはたとえられません。車はほとんどギアとブレーキがありますから。

利点
　真っ白なキャンバスですから、いかようにもカスタマイズできます。必要最低限までそぎ落とした、熟練を要する純粋な自転車。

欠点
　ギアやブレーキのような付属品は理由があって発明されたのでしょう。坂道やオフロードには適しません。

電動自転車

　人気が高まっている自転車です。従来のペダルを踏むメカニズムと小さい電気モーターを組み合わせているので、ペダルで動く原付またはスクーターと比べるのが一番いいでしょう。これでエネルギーを節約できるので、より長く、より遠くまで、より速く自転車で行くことができるのに、それでもトレーニングになります。ふつうの自転車より初期投資は高くつく傾向がありますが、通勤距離が長いけれども自転車で行きたい場合、電動自転車はお金の節約になります。しかもとにかくとても楽しいです。

利点
　普通の自転車より速いうえに楽で、長い移動に最適、とても楽しいです。

欠点
　劇的なほど長距離を走るのでなければ、ふつうの自転車ほどトレーニングにはならず、値が張ります。

自分に合う自転車を選ぶ

　自転車はライフスタイルと環境、そして予算と好みに合うものでなくてはなりません。滑らかで不安定なロードバイクはぬかるんだ田舎の道ではうまく走らないし、大きなマウンテンバイクは小さい都会のアパートには不都合でしょう。自転車を選ぶ前に考えるべきポイントをいくつか挙げます。

どこに住んでいますか？

田舎
　坂道や未舗装の道が自転車で探検されるのを待っています。マウンテンバイクか、強めのハイブリッドなら、起伏のある地形、坂道、そして森林の小道を満喫できるでしょう。ショッパーやツーリングバイクも、でこぼこ道を耐え、田舎道でもスムーズに進みます。

郊外
　どんな自転車でも郊外の環境には適応できます。田舎に行きたい場合にはマウンテンバイクを使い、もっと都会のほうに行くにはロードバイク、ツーリングバイク、または固定ギア（フィクシー）を使えます。町をのんびり走るにはショッパーがぴったり。折り畳み式は郊外から大都会への通勤に理想的です。ハイブリッドも郊外からの通勤者には合っています。職場への距離がかなり長い場合、電動自転車が最適です。

都会
　都会ではフィクシーとショッパーが本領を発揮します。ハイブリッドも都会向き自転車としては完璧で、ロードバイクとツーリングバイクは高速かつスタイリッシュに移動できます。都会でマウンテンバイクを使えない理由はありません。私は何年も使っていました。しかし道路ではあまり速く走れません。折り畳み式自転車は公共交通機関に持ち込めるし、オフィスでもバーでも自宅でもしまえるので、都会生活には理想的です。

どれくらいのスペースがありますか？

たくさんある
　自転車の世界は思いのまま！　自転車を置けるだけのガレージか物置か地下室があれば、どんなタイプの自転車でも OK です。

少しある
　フレームが小さめのロードバイクやフィクシーのほうが、がっちりしたマウンテンバイクやショッパーよりもスペースを取りません。それでも予備の部屋か、小さい庭か、廊下でもあれば、ほとんどの種類の自転車を置くことはできるはずです。アパートの 2 階か 3 階に住んでいる場合、階段を上って運べるくらい軽い自転車か、エレベーターに入る自転車を選ぶこと。あるいは、もちろんしっかり鍵をかけて自転車を置いておける場所が、入口周辺にあるかどうか確認しましょう。

あまりない／まったくない
　折り畳み式自転車は見事に小さくなって、小さな戸棚にも収まります。それでなければ、壁掛け金具やラックのような革新的な保管方法によって、自転車を究極のインテリアにしましょう。ロードバイク、ツーリングバイク、フィクシーのようなコンパクトで軽量フレームのモデルのほうが、ごついマウンテンバイクや重いショッパーよりも吊るすのには適しています。

> **What I ride**
> 「私はロードバイクに乗っています。選んだ理由は、質がよくて、わりと軽くて、長距離を走るのに向いているから。それに予算内だったし。信号でうらやましいなと思う自転車もあるけど、自分のロードバイクが大好きです」
> ——ルー、32 歳

自転車の選び方　33

次のステップは予算を検討すること

まず、勤務先に自転車ローンや自転車通勤プログラムのようなものがあるかどうか、確認しましょう。雇用主が自転車と装備を買う代金を一括払いして、あなたがそれを一定期間で返していくという単純なローンから、政府から自転車の費用が助成されるプログラムまで、さまざまなものがあります。人事部や派遣会社なら、あなたの勤務先にプログラムがあるかどうか教えられるでしょう。

現実的に考えて、最低限必要なものとして、ごく基本的な自転車、ヘルメット、ライト、鍵をそろえるために、いくらかの金額が必要になります。800ドルほど貯めておけばいいでしょう。それだけあれば、そこそこの自転車のほか、バッグ、カゴ、荷台、ジャケットのようなアクセサリー類を買うことができます。思い出してください。もし車や電車やバスの代りに自転車を使うのであれば、自動的にお金を節約することになります。最初の出費のあと、自転車に維持費はあまりかかりません。現在、ガソリンや定期代にどれだけ使っているか考えてください。もっといいのは、毎年交通費をどれだけ払っているか、実際に合計することです。週に一度でも、車や電車の代りに自転車を使えば、1年でかなりの節約になります。自転車を主要な移動手段として使えば、大金を節約できます。

自転車

予算の大半は自転車本体に使うべきです。新車を買う場合、初心者レベルのハイブリッド、フィクシー、ショッパー、マウンテンバイクに、最低320ドルくらい必要です。このような基本モデルでも、移動には十分な働きをしてくれます。もっと軽くて精巧なつくりの美しい自転車や、最新技術を備えた自転車がほしければ、もっとお金を注ぎ込みましょう。ロードバイク、電動自転車、ツーリングバイク、折り畳み式自転車は、専門的なタイプの自転車なので、初心者レベルでもはるかに高価です。

予算が厳しいなら、中古品を探しましょう。eBayでバーゲン品を見るか、オークションサイトをチェックして。どういうものを探しているか詳しく書いた広告を、職場や近所の店に貼り出す手もあります。あるいは、10代のころに乗っていた古い自転車を発掘しましょう。まだ使える可能性がありますから、店に持ち込んでブレーキパッドを交換し、全体を少しメンテナンスしましょう。若いころ自転車を持っていなかった人は、友人や家族に、ガレージか庭の物置に放置してあって、あなたに譲ってもいいと思う古い自転車がないかどうか聞いてみて。さもなければ、地域の自転車ローンプログラムについて調べてみましょう。

鍵

手が届くかぎり一番いい鍵を買ってください。鍵に関しては、払う金額に見合うものが手に入ります。高ければ高いほど、セキュリティーも高いのです。非常に頑丈な鍵には、独自の保証と保険がついてくるものもあります。Dロックは安全でコンパクトで、しかもたいていの自転車は走行中にフレームに取りつけておけるので、とても人気があります。布やビニールで覆われた重いチェーンも売られています。そのようなチェーンを切るには、泥棒にもかなりの決意が必要です。たいていはリュックに入れたり、肩にかけたり、腰に巻いたりして持ち運べます。やはりお金がないという人は、中古品を探しましょう。たいていの鍵はかなり長く持つようにつくられています。

ライト

イギリスでは、日の入りから日の出までに使われる自転車には、ライトを備えることが法律で定められています。アメリカでは法律は州によって違いますが、できるだけ自分を目立たせることは理にかなっています。最低でも、白い前照灯と赤い尾灯を備える必要があります。ハンドルバーにハロゲンランプを取りつけると、自分の視界がよくなります。反射板も必要で、新しい自転車なら、すべてではないにしてもたいてい標準装備されています。

一般にライトに関して言えば、たくさんあればあるほど陽気な雰囲気になります。自転車をクリスマスツリーのようにすれば、あなたにとって損はないでしょう。そして自転車だけではありません。ヘルメットをかぶる場合、後ろにライトをつけましょう。バッグにもライトをつけましょう。

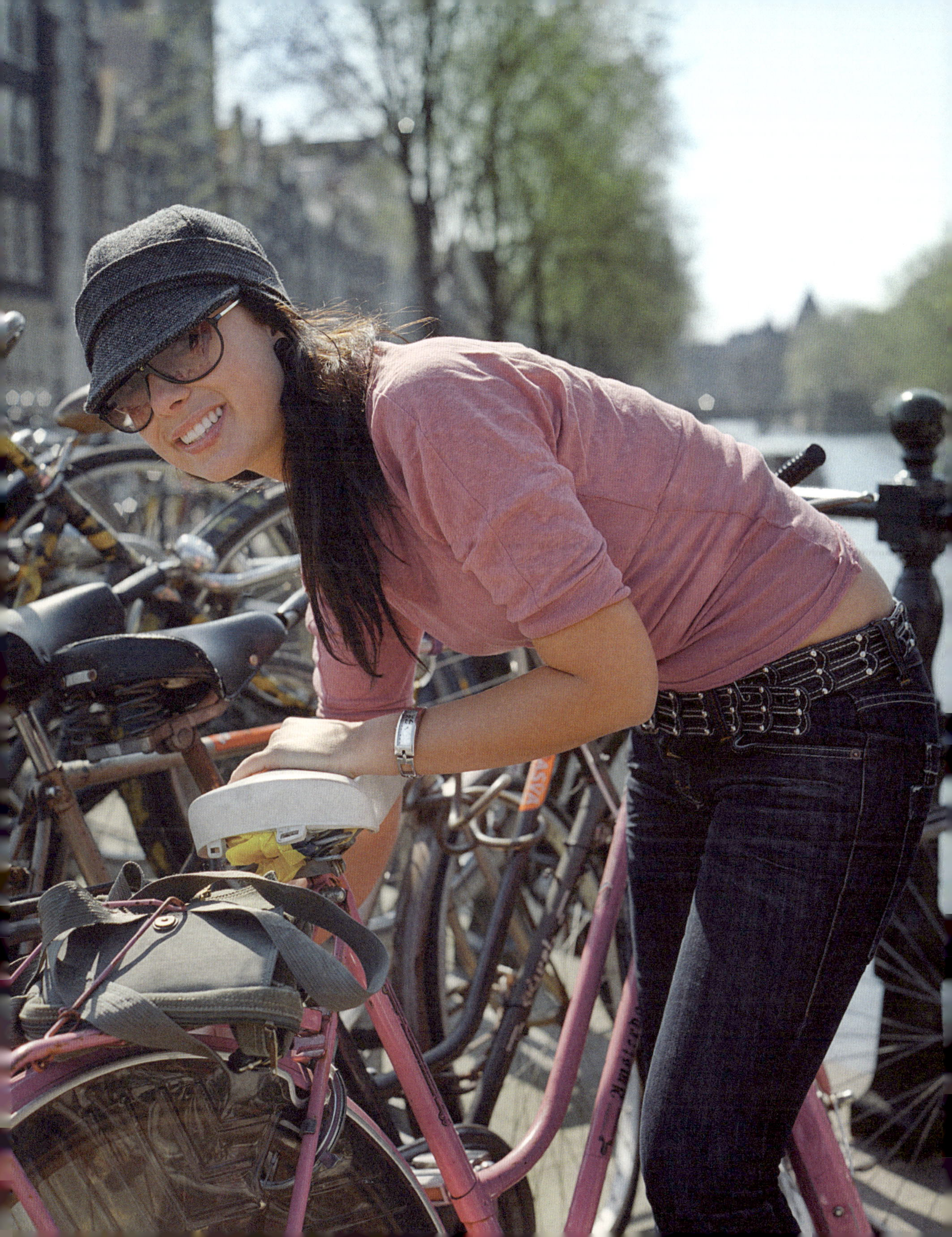

上：ヘルメットがカッコ悪いって、
誰が言ったの？

自転車保険

　残念ながら、自転車は泥棒にとって格好の獲物であり、みんなが最大限努力しているにもかかわらず、自転車の盗難はとくに都市部で相変らず問題になっています。自転車保険をかければ、それほど高くない料金で、自転車が持ち去られた場合に代りを手に入れられると確信できますし、自分が引き起こすおそれのある人身傷害などの損害に保険をかけられる契約もあります。保険を有効にするために特定の鍵を使えと保険会社が要求する可能性もあります。場合によっては、住宅保険や家財保険で自転車がカバーされるかもしれません。カバーされると単純に思い込む前に、確認しましょう。

ヘルメット

　アメリカの一部の州で16歳未満に求められているように、自転車用ヘルメットをかぶることを定める法律があるなら、その法律をつねに順守してください。しかし、イギリスとアメリカのほとんどの成人にとって、ヘルメット着用は法的義務ではありません。

　ヘルメットはきちんと合ったものをかぶる必要がありますから、店員にアドバイスを求めるか、ネットで買う場合にはサイズを慎重に確認しましょう。合わないヘルメットはまったく意味がありません！　自分のヘルメットが最新の安全規格を満たしていることも確認しましょう。イギリスでは現在 BS EN 1078:1997 です。アメリカには規格がいくつかあります。CPSCの規格、それを上回るスネル規格、B-90 は CPSC に似ていて、B-95 はもっと厳しい検査です。スネルは定期的に市場のヘルメットを審査し、安全規格を満たしていることを確認しています。

ヘルメット論争

自転車用ヘルメットについては活発な議論が現在進行中です。ヘルメット着用を法律で定めるべきだと強く感じる人もいれば、私自身もそうですが、着用は個人の自由だが常識だと思っている人もいます。サイクリストにとってのヘルメットは、ドライバーにとってのスピード違反取締カメラのようです。つまり、意見が分かれる話題なのです。あなたが自分の態度を決められるように、賛成と反対の意見をいくつか挙げておきます。

自転車用ヘルメット着用に賛成の意見

常識で考えて、頭が道路に叩きつけられるのであれば、自分の大切な頭蓋骨を保護するものを身に着けることは有益なはずです。

イギリスの独立した交通関係の組織、トランスポート・リサーチ・ラボラトリー（TRL）による2009年の研究は、自転車用ヘルメットは、とくにほかの乗り物がかかわっていない場合、頭と脳のけがを防ぐのに役立つ可能性があることを示しています。さらにTRLは、衝突のあとに入院したサイクリストの40パーセントは、頭にけがをしていることも明らかにしています。1989年にシアトルで行われた研究によると、ヘルメットは頭のけがの85パーセント、脳の傷害の88パーセントを防ぐことができるそうです。1987年に行われた別の研究で、自転車用ヘルメットは死亡者の90パーセントを救える可能性があることがわかっています。

ちなみに、自転車サークルに入っている人はほぼ全員、科学的な証拠はまったくないにしても、ヘルメットに「命を救われた」人を知っています。

自転車用ヘルメット着用に反対の意見

自転車用ヘルメットが頭と脳の傷害や死亡事故を防ぐという印象的な目覚ましい統計を出している研究はかなり古く、現実的にはまったく証明されていません。サイクリストのヘルメット着用が法律で定められている国で、頭のけがや死亡事故は現実に減少していないのです。

サイクリストはヘルメットをかぶっている場合、守られていると思い込んでいるので、無謀な行動をしがちになるかもしれません。同じ理由で、車のドライバーも近くで慎重に運転しない可能性があります。サイクリストにヘルメット着用を強制することに重点を置くのではなく、安全な自転車レーンのあるインフラや、ドライバーからの配慮を、もっと増やすべきだという議論を、何度も聞いたことがあります。

自転車用ヘルメットはバイク用ヘルメットと同等ではなく、ヘルメット強制に反対する人たちは、自転車用ヘルメットはヘルメット賛成の圧力団体が主張するよりはるかに安全性が低く、保護にはならないと主張しています。

結論

このような議論から、2つの結論を引き出すことができます。第1に、ひどい事故に巻き込まれた場合、自転車用ヘルメットはあなたの命を救うことも、頭のけがを防ぐことも保証してくれません。しかし第2に、救ったり防いだりする可能性はあります。

ある程度の良識が必要です。ヘルメットは安全な自転車走行の代りにはなりません。私としては、ヘルメットをかぶるよりも安全に自転車を走らせることのほうが重要だと考えます。しかし事故は確かに起こっていて、人生に100パーセント安全なものはないことを理解したうえで、安全走行してヘルメットをかぶれば、鬼に金棒です。

ヘルメットは積極的に自転車に乗るための自信につながるかもしれません。自信は安全を守るために不可欠です。あなた個人の安全は、他人の責任であるのと同じくらい、あなた自身の責任ですから、あなたの安全を守るのはすべて車のドライバーの責任だと考えるからヘルメットをかぶらないのは、自分が損になることをしているように思えます。

ヘルメット論争でどちらの立場に立つにしても、かぶるという選択肢をいつでも選べるように、1つ持っておいたほうが持たないよりいいでしょう。

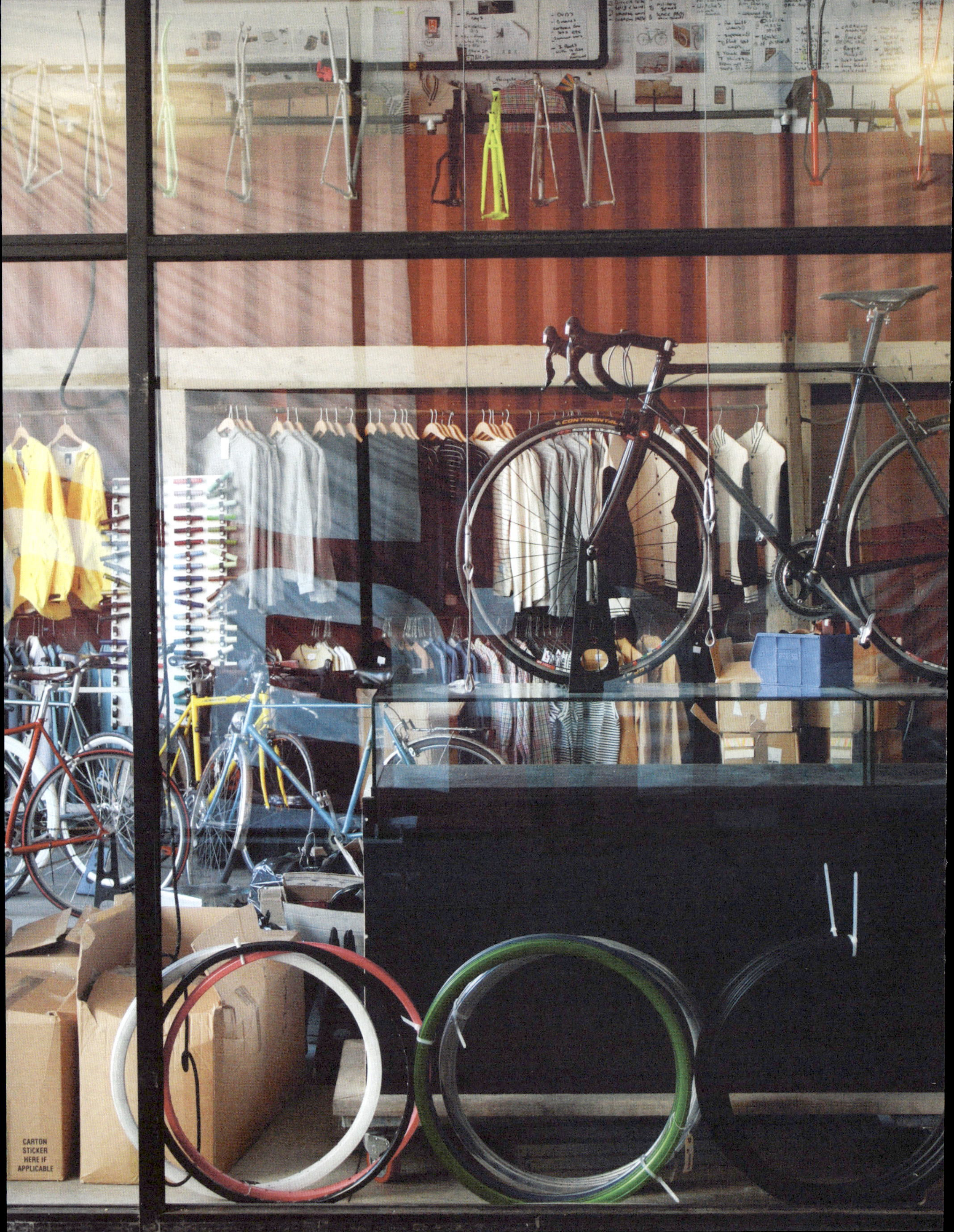
CONTINENTAL
CARTON
STICKER
HERE IF
APPLICABLE

自転車店で買う

　必要なものをほとんどすべてそろえている「自転車スーパー」のチェーンがいくつかありますが、品質、公平なアドバイス、そしてよりニッチな自転車とアクセサリーを求めるなら、個人経営の自転車店も有望です。

　自転車を選ぶときには、時間をかけていくつか異なるサイズやモデルを試し、まさしくこれだと思えるものを選んでください。すぐに決断しなくてはとプレッシャーを感じてはいけません。最初に試着したジーンズを買うとは限りませんよね。自転車も同じです。自分にぴったりのものが見つかるまで、時間をかけて店を回りましょう。

女性向けデザインの自転車と男性用の自転車

　男性と女性は身体構造が違うので、女性向けデザイン（WSD）の自転車は男性のものと形が違います。一般に中央のパイプが低く、車体が短くなっています。WSDのほうが快適で乗りやすいと感じる女性もいますし、より女性らしい色のものが出る傾向にあります。しかし、男性用自転車に乗ることを選ぶ女性もたくさんいます。というのも、とくに初心者レベル以外は、WSDの選択肢はかなり限られているのです。メーカーは高まりつつある女性からの需要に応えようとしていますが、やはりまだ男性用モデルのほうが品ぞろえは豊富です。自転車を選ぶとき、男性用とWSDの両方を試してみて、男性用のフィット感のほうが好みなら、どうぞ男性用を選んでください。

　自転車店の店員はたいてい協力的でサポートしてくれます。自転車を売るだけでなく、アドバイスをすることも彼らの役目ですから、その専門知識を利用して、自分が試そうとしている自転車について質問しましょう。どういう用途に使おうとしているかを話し、アドバイスを聞いて決めましょう。それでも、プレッシャーを感じて自分がほしいものからぶれてはいけません。店員が無機質な黒いハイブリッドを売ろうとしていて、あなたはピンクのショッパーに心を決めているのなら、自分の信念を守って店員に言いましょう。たいていの自転車はよくつくられているので、普段使いに耐えられます。同様に、店員が女性らしいショッパーを勧めるけれど、あなたはスポーティーなマウンテンバイクか、滑らかなツーリングバイクをほしいのなら、店員にそう言って、固定観念を打破しましょう。

　店を出るとき、自分の自転車に満足と興奮を感じていなくてはなりません。買い物の原則は普遍です。完璧にしっくりきて、自分をすてきに見せるものが見つかるまで、時間をかけて試すこと。

　新しい自転車は、あなたにぴったり合うように調整する必要があるかもしれません。この本の後半で、ハンドルバーやサドルを自分で調整する方法を見ていきますが、自転車を買うとき、店員に頼んで店内でセットアップしてもらいましょう。ハンドルバーやサドルの高さの変え方を、正確に教えてもらうこともできるでしょう。あなたの自転車に必要なインナーチューブのサイズや、バルブの種類を聞いて、予備をまとめ買いするときに注文するべきものを知っておきましょう。

中古品を買う

中古の自転車は予算を気にするサイクリストには理想的です。でも、中古品を買うことになるとわかっていても、まず自転車店に行って、新しい自転車を試し、店員の知識を吸収しましょう。自分に必要な自転車のサイズと種類を決めるのに役立ちます。

とくに個人経営の店では、中古の自転車を売るところもあります。たいていは売りに出される前に点検が行われているうえ、買い手をさらに安心させるために保証書をつける場合もあります。

とはいえ、ネットオークションなどで買ったり、友だちの友だちから買ったりするほうが、安いことが多いのも確かです。そういう場合、確かめるべき最も重要なことは、売りに出ている自転車が盗品ではないことです。

自転車について質問しましょう。売り手はいつ買ったの？　どこのもの？　どれくらいの頻度で使われていた？　なぜ売ろうとしているの？　新しく買ったときに自転車についてきた登録証やサービス記録はある？　領収書はまだ持っている？　直感を信じて。怪しいと感じたら、話がうますぎるように思えたら、そのとおりなのでしょう。売り手が合法であることを確実に確かめる現実的な方法はありませんが、自分の判断力を駆使しましょう。疑わしければ買わないこと。

自転車の条件は、あなたがどれくらい支払う気があるかに大きく左右されます。支払う額が少なければ少ないほど、得るものも少なくなります。すりきれたブレーキパッド、タイヤまたはワイヤ、さびたチェーンは簡単に交換できます。引っかき傷や塗料のこすれは純粋に美的な問題です。フレームやギアや歯のさびや大きな亀裂、またはホイールの損傷は深刻な問題なので、避けるのがベストです。

道路で乗れる状況なら、試乗してみましょう。乗ったときに幸せで快適かどうか、不吉なカタカタやキーキーやミシミシいう音がしないか、ギアがスリップしないか、確認してください。道路で乗れる状況でない場合、少なくとも乗ってみて、サイズが合っているかどうか確認すること。サドルとハンドルバーを調整することはできますが、中央のパイプをまたぐのに背伸びしたり、ハンドルバーに思いきり手を伸ばしたりするようなら、自転車が大きすぎます。やけに窮屈に感じるなら、自転車が小さすぎます。

できれば友だちを連れて行って、セカンドオピニオンをもらいましょう。

プレッシャーを感じて、すぐに決めたり、自分の支払い能力を超える代金や、自転車の価値より高いと思う代金を支払ったりしないこと。売り手が強引に売り込み始めたら、手を引いて。中古の自転車はたくさんあります。最初に見たものを買う必要はないのです。中古のお買い得品は自転車店に持ち込んで、ざっと点検と修理をしてもらい、道路に出られるレベルにきちんと仕上げましょう。

さあ、これで準備万端、いよいよ自転車に乗るときが来ましたよ！

What I ride

「中古のラレイを選んだのは、主に安くて快適だったから。この自転車が大好きで、ずっと一緒に過ごしてきたような、妙な感覚があるの。性格のようなものがある気がします」

——ローラ、33歳

右：予算が限られている場合、「大事に使われていた」中古品を買うことを検討しましょう。

40　自転車の選び方

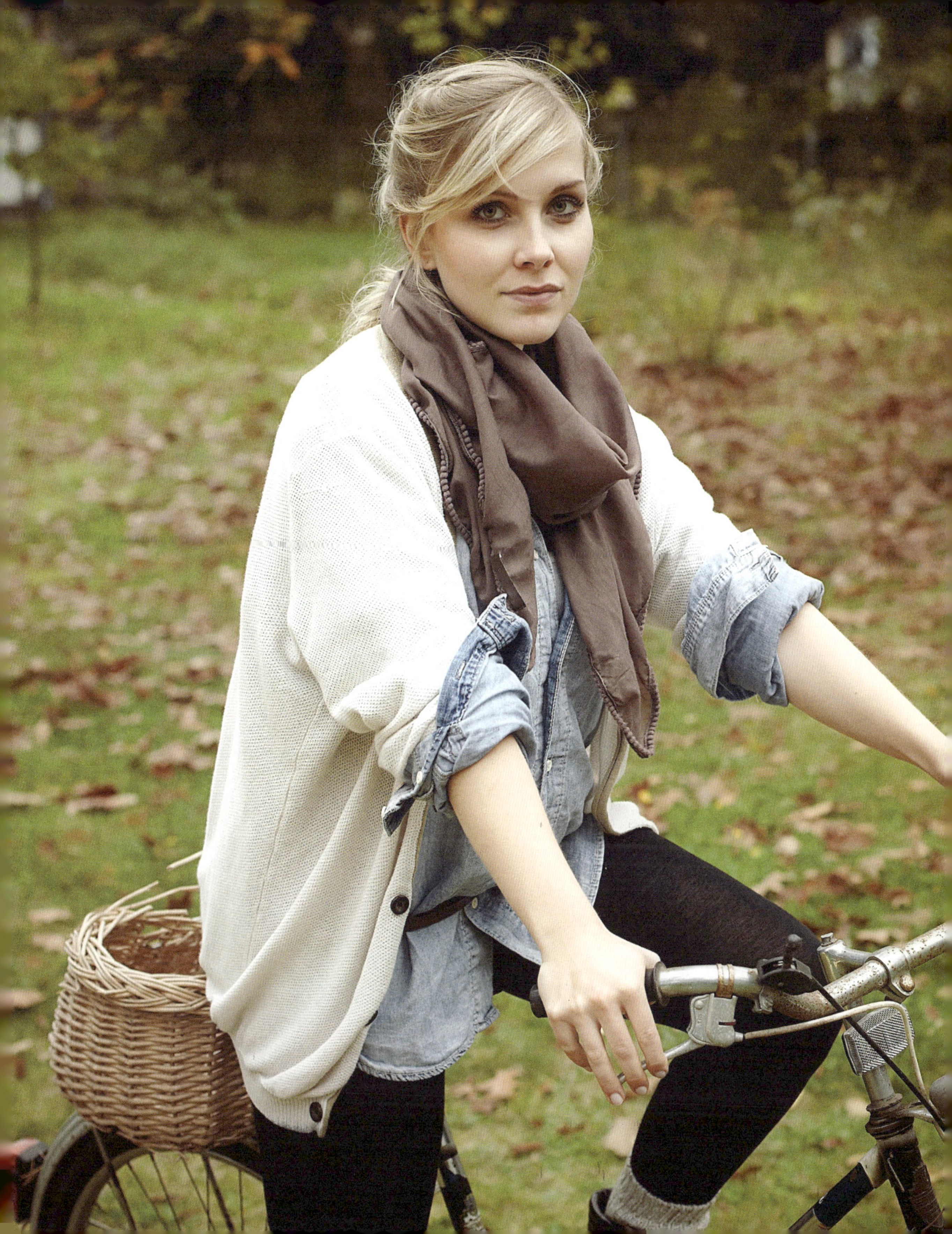

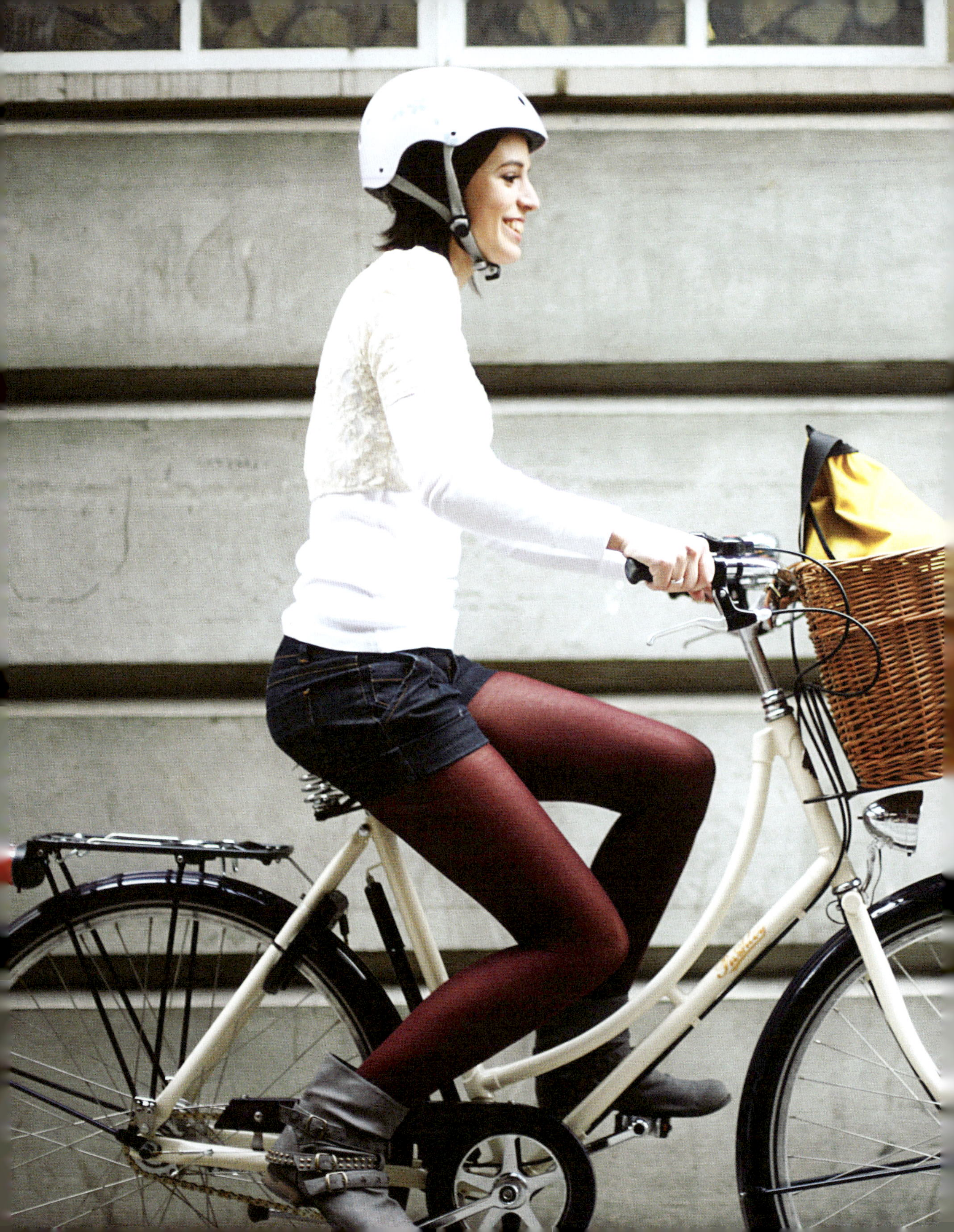

第 3 章　前向きにまずスタート！

getting
started

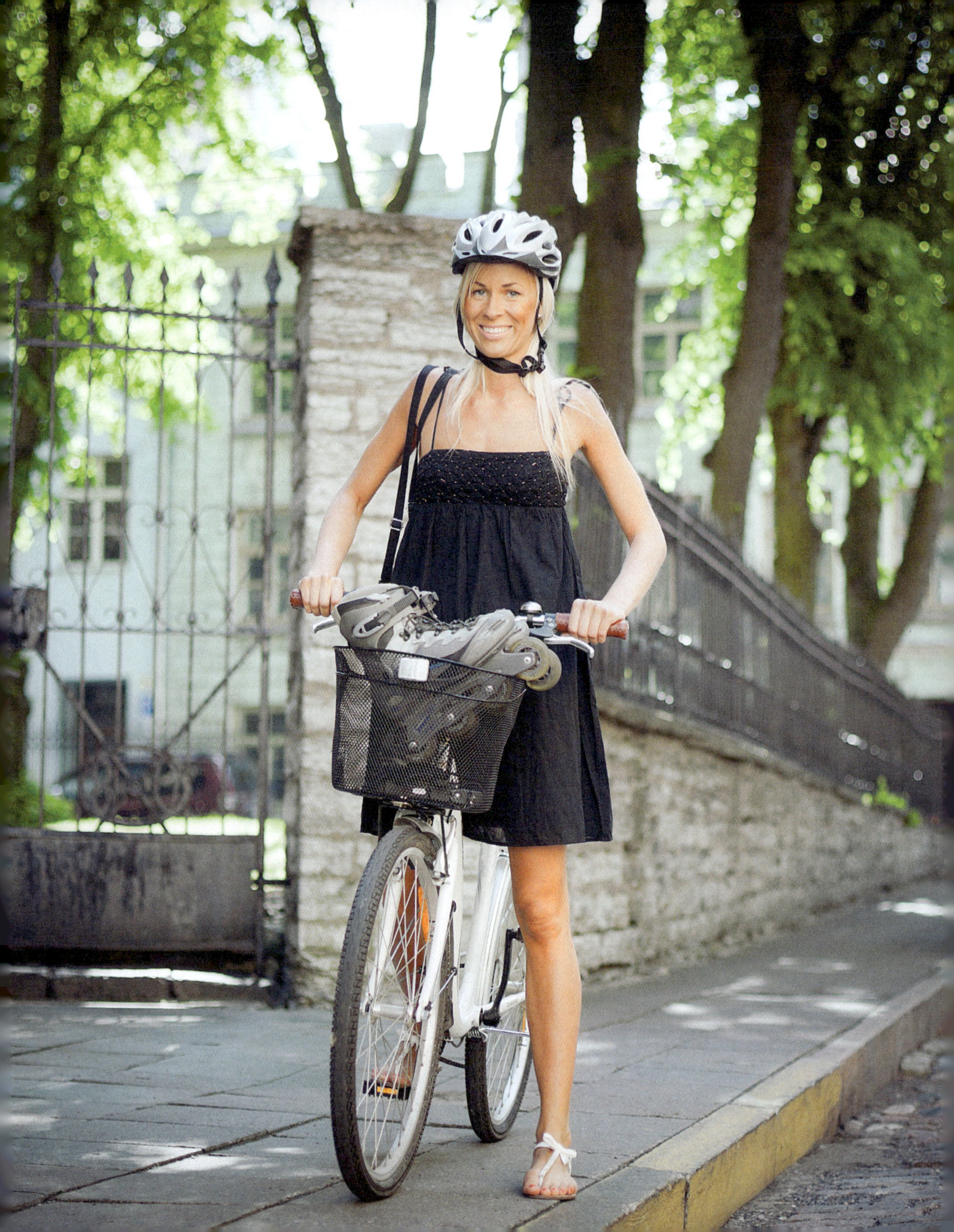

選び抜いて買った自転車にテンションは最高潮！
さっそく外に出て乗ってみましょう。

次のステップは、それに乗って動かすことです。自転車がほこりをかぶるままにしておいて、乗らない言い訳を次々に考え出すような、えせサイクリストになってはいけません。

まったくの初心者

生まれてから1度も自転車に乗ったことがない場合、始めるのにいくらか助けが必要です。バランスを取って基本を身につけるのに、少し時間がかかります。最善の方法は、どこかの自転車レッスンに申し込むことです。

インターネットを検索すれば、地元にいる認可を受けたプロの自転車インストラクターが見つかるはずです。資格のあるインストラクターの助けを借りれば、コツを覚え、必須の交通安全を熟知したうえで、街に繰り出すことができます。

往来から十分に離れたところに、静かな練習場所を見つける必要があります。公園がいいですね。最初は転ぶようなら、草地のほうが体にやさしいです。ビジネスパークや工場の敷地はたいてい、就業時間後や週末は完全に空っぽになるので、世間から逃れて幸せな一時を過ごせます。古い動きやすい服を着て、ヘルメットをかぶりましょう。レッスンとレッスンの間に、インストラクターが教えてくれた手順にしたがって、自分で練習してみましょう。ただし、インストラクターのそばで練習して、車の往来に対処できる自信がつくまで、1人で公道に出たい気持ちに負けてはいけません。

久しぶりに乗る

たいていの人のように、子どものころ自転車に乗っていたのなら、自転車に乗る能力は失われていません。何年も自転車を見ていなかったとしても、バランスを取って自転車を操る生来の能力は残っているのです。自転車に乗る前にそう自分に言い聞かせ、どんなにドキドキしていても、自分は乗り方を知っているのだと繰り返し心に念じること。自分の本能を信じましょう。自信をもって楽しくサイクリングしている自分を思い描きましょう。そのイメージが現実になるのにそれほど時間はかかりません。

まず、邪魔も危険もない静かな練習場所を見つけてください。前述のように、公園やひとけのないビジネスパークを検討しましょう。できるだけ通行量の少ない場所を選ぶこと。

最初はゆっくりやりましょう。自転車の感覚に慣れて、ブレーキに親しみましょう。自転車が新品の場合、ブレーキの効きが異常に強いので、やさしく扱い、どれだけの圧力をかければいいかがわかるまで、時間をかけてください。走り始め、ギアがある場合はその上げ下げ、減速、そして停止を練習します。次に、ゆっくり左と右に曲がります。最初は緩いカーブを練習し、最終的に自転車で完全な円を描けるまでに仕上げます。そのあと左右に鋭く曲がってみましょう。これができれば、自転車で角を曲がることができます。

p46～48に、基本の練習に役立ち、自転車に乗ることに慣れるための課題をいくつか挙げておきました。

左：「自転車に乗るようなもの」という表現があるのには理由があるのです。道路に繰り出す自信がつくまで練習しましょう。

自転車に慣れるエクササイズ

ここに示したちょっとしたドリルは、自転車の扱いと基本操作に慣れるのに役立ちます。道路に出る前に、友だちに協力を求めて、公園その他の広場に練習に行きましょう。

1　ハイタッチ！

このエクササイズで、右折や左折を合図するために片手をハンドルバーから放すのに慣れることができます。

友だちに一緒に来てもらい、道や公園の中ほどに立ってもらいます。友人のそばを自転車で通り過ぎるとき、そちらに近いほうの手をハンドルバーから放して、ハイタッチをしましょう。手をハンドルバーに戻し、向きを変えて、反対側でも練習します。

2　緊急停止

これは絶対に欠かせません。いつ何時、急ブレーキが必要になるかわからないので、急ブレーキをかけたときに自転車がどう反応するかを知っておくことは、とても重要です。前輪ブレーキだけ、後輪ブレーキだけ、そして両方を一緒にかけたとき、自転車にどう影響するかも理解する必要があります。前輪ブレーキは前輪を、後輪ブレーキは後輪を停止させます。原則として後輪から先に停める必要があるので、まず後輪ブレーキをかけるか、急停止する必要があるなら、両方のブレーキを一緒にかけます。前輪ブレーキだけを少しでもかけると、ハンドルバーを優雅に飛び越えて、おしりで着地することになるおそれがあります。後輪ブレーキだけを力いっぱいかけると、横滑りする可能性があります。

減速してなるべく短い時間で停止できるようになるまで、後輪ブレーキ、前輪ブレーキ、両方のブレーキを使って、練習しましょう。

3　何本？

右折または左折、あるいは車線変更するとき、自分を追い越そうとしている人がいないことを確認するために、振り返ることができなくてはなりません。友だちに後ろに立ってもらい、片手か両手を上げてもらいます。ちらりと振り返って、友だちが何本の指を立てているか言いましょう。左肩越しと右肩越し両方、振り返る練習をします。

このエクササイズを道路の状況で考えると、後ろを

振り向く時間はなるべく短くするべきです。誰かの通り道をふさごうとしていないことを確認するために、大急ぎで目を走らせるだけです。後ろを見るのに時間をかけすぎると、前で起こっていることに気づかないおそれがあります。

4　8の字

バランスはとても重要で、左折や右折をするとき、最初はどうしてもふらついてしまうかもしれません。自転車に乗って8の字を描く練習をしましょう。できれば、トラフィックコーンなどの目印を使って、友だちにコースをレイアウトしてもらいましょう。

最初はゆっくりジグザグに走り、バランスがうまく取れるようになったら、スピードを上げましょう。

5　立ち上がって！

ペダル上で立ち上がると、スピードが上がって弾みがつきます。そしてやっかいな坂道も上れるのです。ペダル上で立ち上がり、そのあと優雅にすわり直す練習をしましょう。楽にできるようになったら、立ってペダルをこぐ練習をします。どれだけ多くのパワーを起こせるか、感じてください。そして自分の腿とおしりでエネルギーが燃焼するのを感じてください。

6　合図

道路で自転車を走らせる場合、車の方向指示と同じように、ほかの道路ユーザーに自分の意図を知らせて衝突を避けるため、合図を出す必要があります。自転車での合図はこれ以上ないほど簡単です。左折する場合、左手をハンドルバーから放して、左腕を伸ばします。右折する場合は、同じことを右腕で行ないます。それだけ！　合図を出して曲がる前に、必ずちらりと後ろを振り返り、後ろから来る車や人の通り道をふさいでいないか確認しましょう。

前向きにまずスタート！　47

道路を走る感覚と交通安全

　車を運転する人なら、道路のルールを知っているでしょう。しかし、道路は衝撃を和らげてくれる車の中から見るのとは、まったく違う場所です。優秀なドライバーが自動的に優秀なサイクリストになるわけではありません。

　車を運転しない人は、道路を走る感覚や知識がごく限られているかもしれません。赤信号が止まれで青信号が進めであることを理解しているほかには、信号の意味や道路での最も安全な行動など、まったく知らない人もいるかもしれません。

　イギリスでは、ハイウェイ・コードに道路の規則と交通安全に関する事例が概説されています。アメリカにはハイウェイ・コードに当たるものはありませんが、運輸省からのアドバイスを利用できます。アメリカとイギリスの交通安全に関する組織や慈善団体も、豊富なアドバイスと情報を、たいてい無料で提供しています。

　サイクリストは道路を使う権利を全面的に認められていて、自転車レーンにこだわる必要はありません。指定された一般道以外の自転車道を走ることもできます。しかし歩道を自転車で走ってはいけません。イギリスとアメリカの一部では、法律で禁止されています。道路に出る前に、歩道を自転車で走って「実習する」誘惑に負けてはいけません。公園で練習しましょう。道路で不安を感じる場合は必ず、自転車から降りて、歩道を押して歩きましょう。

　しばしば命にかかわる交通安全と道路感覚を学ぶ最善の方法は、プロの自転車インストラクターのレッスンを受けるか、認可された自転車と交通安全の講習を受けることです。地方自治体や地元の組織が運営する講習の中には、無料で利用できるものもあります。本やガイドラインで学べることは限られていて、資格のあるプロから実地で教えられる実際的で状況に応じた経験に代るものはありません。巻末に連絡先が載っています。

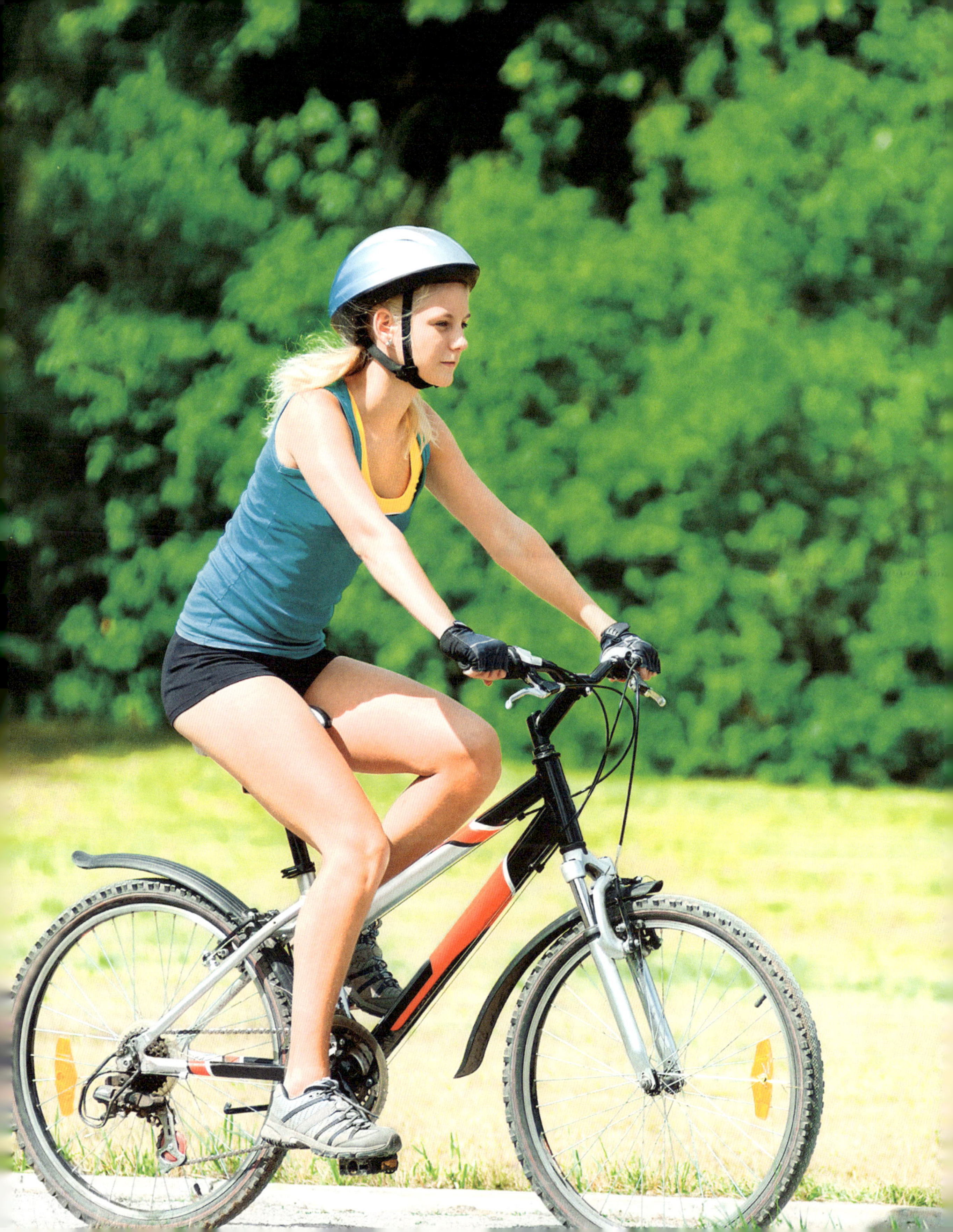

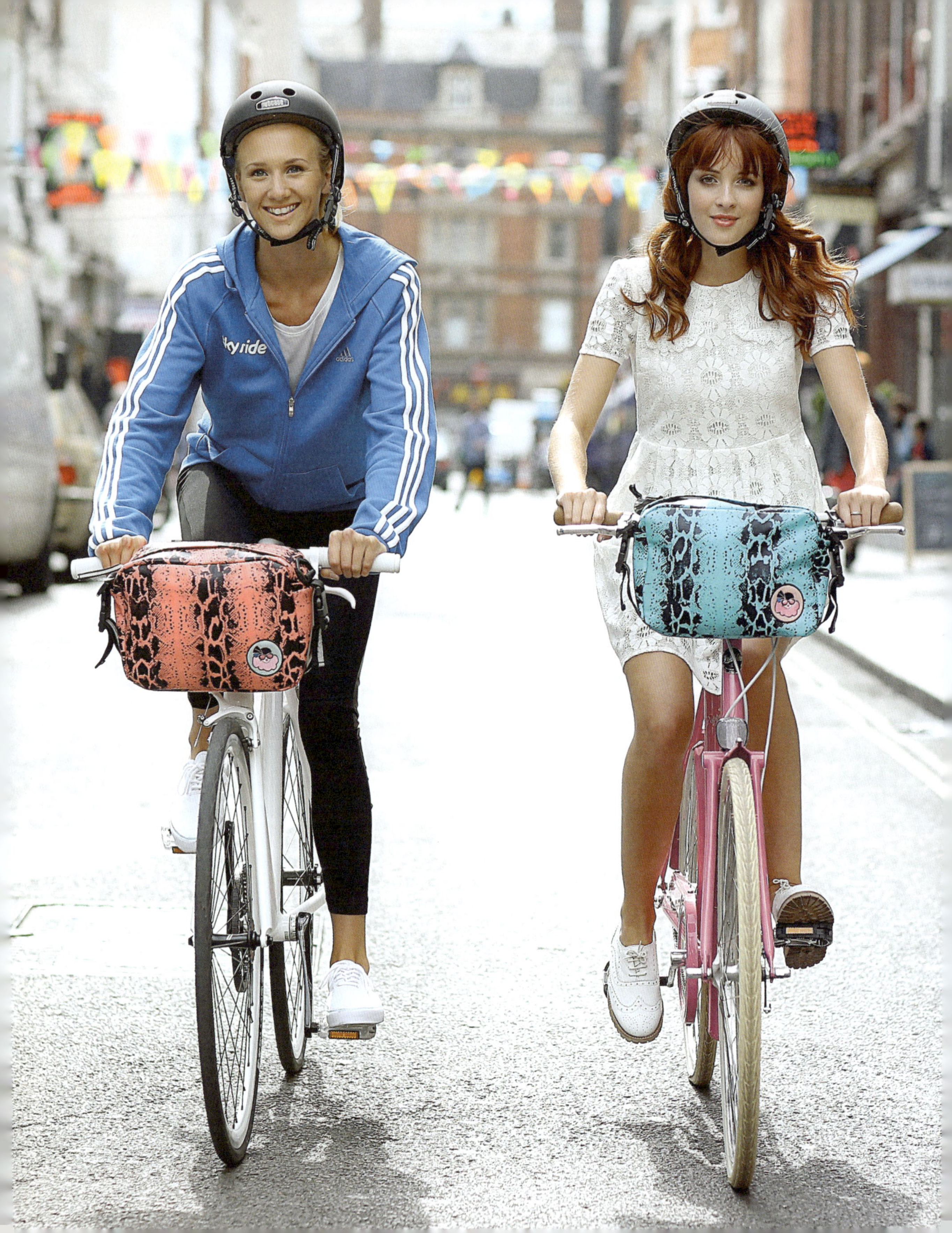
skyride
adidas

自転車のある生活に慣れる

最初から公道に1人で出ようとしないこと。インストラクターと出かけるか、自転車に乗る友人か同僚かパートナーに、何回か一緒に来てほしいと頼みましょう。あなたがルートを計画し、止まりたい場合にどうやって伝えるかを申し合せましょう。いつの時代も「止まって」と叫ぶのがいい方法です。

友人かインストラクターに、あなたの前か隣を走ってもらってください。彼らのリードにしたがい、彼らが交通にどう対処するかを見てください。友だちの走り方が速すぎるなら、そう伝えて、必要な場合には怖がらずに停止しましょう。

位置決め

縁石から十分な距離を取りましょう。理想的な距離はおよそ1メートル。これなら車のドライバーはあなたの姿が目に入り、誰かが突然あなたの通り道で車のドアを開けても、ひどい衝突を避けることができます。

ドライバーとの関係

車のドライバーはあなたを追い越せる場合に追い越しますし、たいていの人は親切なので十分間隔を取ってくれるはずです。追い越すチャンスがなくて、車がしばらくあなたの後をついて行くことになり、あなたが落ち着かない気持ちになってきたら、自転車を止めて追い越させましょう。たいていのドライバーはまともな人間ですから、安全に追い越せるようになるまで、しばらく自転車のあとについて行くことを気にしません。あなたがドライバーに道を譲ったり、ドライバーのために自転車を止めたりする必要はありません。あなたにも彼らと同様、道路を使う権利があるのですから。

ごく少数ですが、とても不愉快なドライバーが、エンジンをふかしたり、ライトをパッシングしたり、クラクションを鳴らしたり、「どけ」と叫んだりするかもしれません。そのようなクズとかかわったり、言い争ったりして、命や手足を危険にさらしてはいけません。そういう人は無視して、そこにいないかのように前に進みましょう。本当に怖いと思ったら、自転車を止め、彼らを先に行かせて、不愉快なことはどこかよそでやってもらいましょう。言い分を通すために、自分の安全を危険にさらす価値はありません。

連れだって自転車を走らせるとき、込んでいる道路やラッシュアワーには、できるだけ1列で走りましょう。3列以上に並んではいけません。自分を尊重してほしいなら、ほかの道路ユーザーを尊重しましょう。あなたが楽しくおしゃべりするために渋滞を引き起こすのは、他人に敬意を表しているとは言えません。

最後に、ドライバーに自分が見えていると思い込んではいけません。途中でいちいち、向こうに自分が見えていることを確認してください。ドライバーとアイコンタクトをしましょう。少し近づき過ぎている時など、場合によっては、車のボンネットや窓をコンコンとたたきましょう。あなたはつねに見えていなくてはなりません。この点はどんなに強調しても足りません。あとについて言ってください。あなたは見えていなくてはだめ。見えていなくてはだめ。見えていなくてはだめです。

ラウンドアバウト（環状交差点）と交差点

対処できると確信できるまで、ラウンドアバウトや混雑している交差点は避けましょう。この場合も、誰かと一緒に走ることがとても大切です。あなたが自分で試せるくらい自信がつくまで、誘導してもらえるからです。自転車インストラクターも、ラウンドアバウトや交差点、または混雑した道路への対処法を覚えるのに、協力してくれるでしょう。

ラウンドアバウトや交差点への対処に完全に自信が持てるまでは、安全な場所で自転車を降り、押して横断歩道を渡るか、ラウンドアバウトに沿った歩道を押して歩きましょう。

左：経験豊富な友だちと一緒に乗ると、自信と力をつけるのに役立ちます。

自転車レーン：イギリスの場合

　自転車界があまねく自転車レーンを支持しているわけではありません。多くの大都市には精緻なレーン網があり、状況はどんどん改善されていますが、お世辞にも十分とは言えないレーンもたくさんあります。とくに木やゴミ箱のような大きな障害物がど真ん中にあるレーンや、明らかな理由もなく突然終っているレーンなど、実用的でないものやばかげたものについての情報が、ネット上に出回っています。

　確実に危険と言える自転車レーンもあります。たとえば、ごった返す交差点につながっていて渋滞の中へと引き込まれてしまうレーンや、極端に狭くて、ハンドルバーすれすれを車が盛んに通り過ぎるので、排水溝ぎりぎりに進まなくてはならないようなレーンです。

　したがって、どうしても自転車レーンを使わなくてはならないわけではないことを、つねに頭に置いておくこと。自転車レーンは必要な場合のためにあるのであって、役に立つこともありますが、使うかどうかはまったく自由です。できるだけ縁石から1メートルを確保しましょう。それより狭い自転車レーンがあったら、使ってはいけません。あなたには車道全体を使う権利が、そして自由があるのです。

男女の固定観念について

　女性のほうが、申し訳なさそうに「私のことは気にしないで、本当はここにはいないんです」と言いたげに自転車に乗る傾向が強いとする報告を、一度ならず読んだことがあります。縁石にぴったりついて進み、自転車レーンを忠実に守り、自分の行先を見るのではなく、「親切に」車に先に行くよう手を振って、接近する車の往来を助けようとする、そういう走り方の話です。一方の男性は、自分の権利を主張して、攻撃的と言えるほど自信たっぷりに自転車を走らせる傾向が強く、「教える」という名目であからさまにドライバーを敵に回すこともあります。

　この主張はいかにも男女差別主義的ですが、男女を問わず、安全よりもマナーを優先するタイプのサイ

上：自転車レーンは役に立つ選択肢ですが、何としてもそこを走らなくてはならないわけではありません。あなたにも車のドライバーと同じに、道路を使う権利があります。

クリストがいるのは確かです。そして、安全よりも権利や主張を優先するタイプのサイクリストもいます。ほかの道路ユーザーに対して礼儀正しく親切でありたいし、ルールを守りたいと話すサイクリストが大勢いて、その大半は女性であることを私も認めます。「外で車を追い越せないわ、ブーブー鳴らされるもの」。「ハイウェイ・コードの勧めだから、自転車レーンを守らなくちゃ」。「車道の真ん中は走れない、渋滞を引き起こすのが気になっちゃうから」。道路上での権利を主張するサイクリストも多く、こちらはたいてい男性です。「なぜ車のドライバーのために停止しなくちゃなら

ないんだ？　向こうは待てるだろ」。「攻撃的なやつがいたら、思い知らせてやるために、できるだけ進路を邪魔してやる」。「こっちに通る権利があるなら、対向車がいてもいなくても行くさ。ドライバーは自転車に道を譲ることを学ぶ必要がある」。こんなサイクリストにはならないでください。

　いまの話を分析してみましょう。ブーブー鳴らされても、誰も死にません。人目が気になっても、誰も死にません。特定の状況で常識を優先し、公式文書の勧めにしたがわなくても、誰も死にません。通行権を譲っても、誰も死にません。車のドライバーから見えない状態で、必要以上のリスクをおかすと、悲しいことに人が死にます。事故は確かに起こりますが、防げる事故も多いのです。

　道路を使うつもりなら、自信を持つ必要があります。クラクションを鳴らされても、とくに不愉快なドライバーから時に怒鳴られても、自分の安全を危うくしてはなりません。ほかのドライバーの心の平静を優先させてはいけません。礼儀は家に置いてきて、自分自身に気を配りましょう。あなたの安全はあなたの責任であり、他の道路ユーザーの善意を信頼することはできません。自分の面倒は自分で見なくてはならないのです。

　しかしサイクリストとして、自分が弱いことも覚えておく必要があります。あなたの義務は自分の安全を守ることであり、ドライバーに「教える」ことでも、サイクリストとドライバーのパイプ役を果たすことでもありません。ロールモデルになる必要はありません。サイクリストの権利を守る女性運動家になる必要はありません。必要なのは、つねに、何としても、安全を守ることです。そして例によって、あなたは見えなくてはなりません。

自信を持つ

　たいていの場合、最初に始める自信を持つことが一番難しいものです。天気のいい土曜の朝、カゴを花とフランスパンでいっぱいにした、こぎれいな小さいショッパーに乗って、スイスイと走る自分をイメージしていたのに、現実には、土砂降りの中をふらつきながら、右折や左折をマスターするのに四苦八苦していたら、やる気をなくしがちです。でも、がんばって。そのうちうまくなります。あなたには名人級のサイクリストになる力があります。うまくなる唯一の方法は、練習すること。やる気を失いつつあると思ったら、なぜだろうと自問してください。

　自転車をマスターすることに本当に苦労している？資格のある自転車インストラクターのレッスンを受けましょう。限られたスペースをグルグル回ることに、ちょっと幻滅してうんざりしているけれども、本当に道路に出る自信はない？　自信を高めるために、インストラクターのレッスンを2〜3回受けましょう。友人に一緒に走ってほしいと頼むか、サイクリング仲間を求めるメールを職場のみんなに送りましょう。自転車のクラブやネットワークに連絡するか、自転車フォーラムにリクエストを投稿しましょう。

　緩やかに5分走っただけで気分が悪くなって、へとへとに疲れたり、友人についていくのに苦労したりしている？　安心してください。今日5分何とか走れたのなら、来週は10分走る体力がつきます。サイクリングは体を鍛えるのに理想的です。本当に息が切れているなら、すぐに減速したり停止したりして、呼吸を整え、また前に進み始めることができるのです。

前向きにまずスタート！　53

こんな言い訳はなし

　新米サイクリストとして、とくに自信があまりない場合には、自転車を家に置いて電車に乗る言い訳を考える場合もあるでしょう。天気がよくないとか、転んであざができたとか。とくに自分に言い訳をするのです。どうしても1日休みたいのなら、そうしてください。でも、やめるとは言わないで。サドルにすわり続けるためのアドバイスを聞いてください。

❶「でも、雨が降っている！」

　少しくらいの雨なら平気です。防水ジャケットを着て、髪を覆い、歯を食いしばって、出発しましょう。路面がぬれていると滑りやすいので、気をつけてください。雨の中では視界も悪くなるので、昼間でもライトを点けて、目立つ服を着ましょう。いつもより早めにブレーキをかけて。自由を楽しみましょう。

2「転んでけがをしたから、もう乗りたくない」

あいた！ かわいそうに。転倒はまれですが、起こりますし、楽しいことではありません。さいわい頻繁には起こりません。どこかにすり傷かあざができるかもしれませんので、手当てをして、お茶を一杯飲んで、また自転車に乗りましょう。間があけばあくほど、また乗ると考えるのが怖くなります。自信を取り戻すために、自転車インストラクターのレッスンを受けましょう。

3「私はサイクリングに適した体形ではないと思う」

「適した体形」などというものはありません。誰でも自転車に乗れます。あらゆる体格、あらゆる大きさのサイクリストがいますし、定期的に自転車に乗ることで、スタイルはかなりよくなります。

4「おしりが痛い！」

自転車に乗ったのが久しぶりなら、最初の数回はおしりがつらいでしょう。あなたの体はすぐにサドルにすわって過ごす時間に慣れますが、それまで、ジェル入りのサドルカバーや、パッド入りのサイクリング・ショーツで、少しクッション性が増します。新たなトレーニングを始める時は必ず、体のおかしな場所が痛むものですが、そのうち慣れます。

5「自転車を置いておく場所がない」

真剣に探せば、場所はたくさんあります。ロックをつなげられる頑丈で動かないものを探しましょう。上や下からロックが抜けてしまうものには注意すること。ライトやバッグなど、自転車から簡単に外せるものは、取り外して携帯しましょう。さらなる盗難防止のために、サドルやホイールを外したがるサイクリストもいます。自転車保険と高品質の鍵があれば、公共の場にあなたの誇りと喜びを置いていっても、心の平和を保つことができます。

⑥「うちの辺りは坂が多すぎる」

低速ギアで克服できない坂はほとんどありません。しかも上れば下るはずなので、のろのろでも頂上までたどり着けば、今度は惰性でずっと楽に行けます。坂道のサイクリングは体を鍛えるのに理想的で、上半身にも効きます。

⑦「忙しくて時間がない」

「何かを終らせたかったら忙しい人に頼め」という格言を知っていますか？ 本当に忙しい人たちは、優先順位のつけ方や時間の管理法を知っているのです。自分に正直になりましょう。あなたは自分で触れ回っているほど、本当に忙しいのでしょうか？ 本当に忙しい人は、自分がどれだけ忙しいかについて話しながらブラブラしたりせず、やるべきことをどんどんやります。

本当に忙しい人たちは、時間を「見つける」のではなく、時間をつくるのです。1時間早く起きるか、ボーっとテレビを見る1時間を犠牲にします。フェイスブックを見ながら昼食をとる1時間、夜にテレビの前で過ごす2時間、週末の10時まで朝寝坊している時間はどうでしょう？

⑧「いまは自転車にはちょっと寒くて暗いから、気候がよくなってから始めよう」

そんな弱虫にならないで。暖かい服装をして、自転車をクリスマスツリーのように光らせましょう。ちょっと乗れば、心拍が上がり、体が暖かくなって、カロリーを消費するので、乗り終えたあとのホットココアを正当化できます。

やる気の基本

ミレン・キャリー＝キャンベル、またの名を
ファッションとフィットネスのブロガー、
バングズ・アンド・ア・バン

　ミレン・キャリー＝キャンベル、またの名をファッションとフィットネスのブロガー、バングズ・アンド・ア・バンは、人をやる気にさせるスキルで知られるネット上の有名人です。彼女のウェブサイトwww.spikesandheels.comは、クリスマスに間に合うように体重を数キロ落とすだけでなく、最高の気分で人生を送りたい女性のためのフィットネスを信奉しています。

　アクティブなライフスタイルへの意欲を維持するための彼女の考えを、ここでいくつか紹介しましょう。やる気をなくし、たびたび自転車より車を選んでいる人も、この励ましの言葉で、きっと腰を上げて自転車に乗ることになるでしょう。

　私のフィットネスはライフスタイルなの。週に1度ジムで過ごす1時間とか、ケーキを食べすぎた日のためとか、そういう細切れのものではなく、私という人間そのもの。私はランナーだけど、走れば走るほど、ほかのタイプのトレーニングが好きになる。自転車は必然であって、いろいろと店を回った結果、「そいつ」を見つけたの。白いドランのフィクサーでドロップハンドルのトラックバイク。とにかく超カッコいい。

　いま自転車のおかげで、さらに一歩先を行けている。自転車は移動手段であると同時に、体幹と脚の力を鍛える手段でもある。ランニングでは行けない打ち合わせにも、自転車でなら行けて、しかもフィットネスの楽しみは失われない。一石二鳥ってやつ。

　ランニング、サイクリング、ボクシング、どんなトレーニングでも、私は最高の気分になれるわ。頭がすっきりして、幸せを感じるの。Spikes and Heelsのサイトを始めたのは、フラストレーション解消のためでもあるの。女性向けフィットネスサイトは、ピンク色で、フワフワしていて、減量のことばかり。まるで運動のメリットはそれだけだと言わんばかり。運動することを罰のように言うのは、とても危険なメッセージよね。

　それから当然、女性向けのエクササイズはおしりとおなかの運動やダンスエクササイズばかりで、それはまったく問題ないんだけど、もっときついことをやりたい人はどう？　女性が汗をかいたってまったくかまわないのよ。休日にきれいでいられる。このことに対する私の思いがとても強いから、「休日にきれいでいよう」がSpikes and Heelsウェブサイトのキャッチフレーズになっているの。健康や体調より髪形やメイクがどう見えるかを優先させているのであれば、いつかどこかでちょっと何かを取り違えてしまったのね。

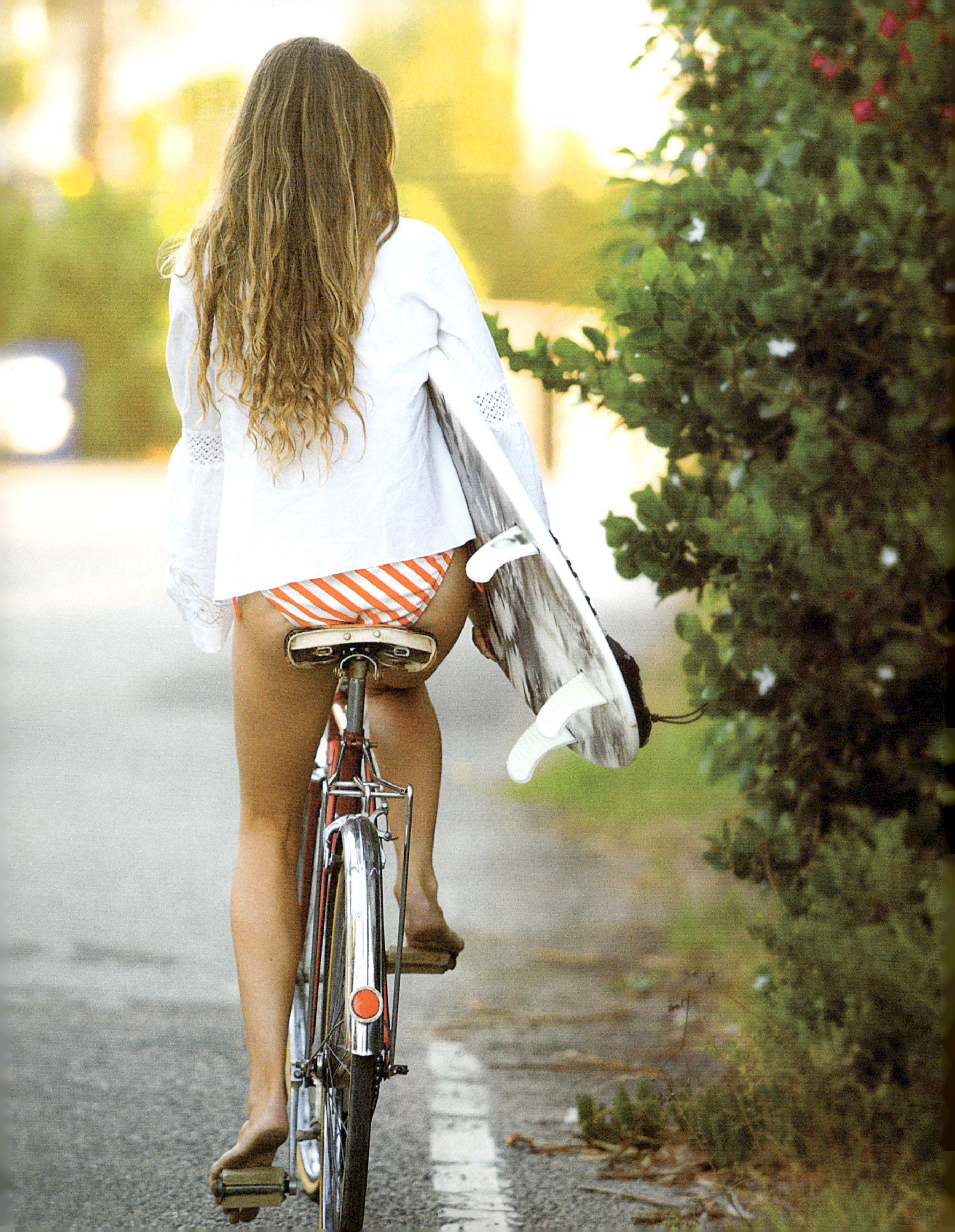

第４章　サイクリングはオールシーズン

cycling in all seasons

どうやって通勤するにしても、少なくとも一部に自転車を使うことはできます。折り畳み式自転車は都会の通勤者にぴったりです。

やる気満々で意欲的な今こそ、自転車を日常に組み込むことを考えよう！

　一人前の自転車名人になり、やる気満々で意欲的な今こそ、日常生活に自転車を組み込むことを考えましょう。

　第一歩は、自分が毎日どうやって移動し、どうすれば自転車での移動に切り替えられるかを考えること。一番簡単で実際的な解決法は自転車通勤なので、そこから始めましょう。

自転車通勤

　できますか？　するべきですか？　たぶんできるし、するべきです！　飛行機で通勤しているのでないかぎり、少なくとも移動の一部に自転車を組み込める可能性はあります。自転車に乗って職場に到着したあと、それからの1日のためにおしゃれをする実際的なことについては第5章で考えます。まず、今現在あなたがどうやって通勤しているかを検討することで、そもそも自転車通勤が可能かどうかを考えましょう。

徒歩

　簡単！　ただ自転車にまたがればいいのです。時間もたくさん節約できるので、その時間を利用して職場まで遠回りしましょう。運動量が増えますし、気持よく1日を始められます。

車

　この場合も、ただ車を自転車に取り替えればすみます。10キロ以内の通勤なら1時間もかからないはずで、それなら通勤時間としては妥当な長さです。馴れてきて、スピードをもう少し出せるようになれば、半分の時間で着けるようになるかもしれません。1時間以上かかる場合でも、全距離を頑張ることもできますし、小分けにすることも可能です。48キロを毎日自転車で通勤していて、それを何とも思っていない人に会ったことがあります。実は私もその1人で、今が人生で一番健康で体調がいいと心から言えます。

　しかし多くのサイクリストは、自宅と職場の中間点に駐車スペースを見つけて、途中までは自転車で走って残りは車に乗る（またはその逆）というふうに、行程を分けています。自転車を車の後部座席に乗せるか、どこか安全な場所に鍵をかけて置いておきましょう。車を自転車と電車、または自転車と地下鉄の組合せに替えるほうが実現性があるなら、そうしましょう。あるいは、電動自転車を検討しましょう。

　通勤に自動車専用道や高速道路を使っていますか？　その場合は代りのルートを探すか、自転車と電車の組み合わせを考えるか、高速の部分は車に乗って、ほかの部分を自転車にしましょう。

公共交通機関

車の場合と同じように、電車や地下鉄やバスを自転車に取り替えればすむこと！ 距離が長すぎてすべてを楽に自転車では行けないなら、適当な中間点を見つけて、半分を自転車で走り、自転車にきちんと鍵をかけて置いておき、残りの道のりは公共交通機関を使いましょう。ロンドンのバークレーズ・バイクスやパリのヴェリブ、ニューヨークのシティ・バイクのような自転車貸出システムも、この種の移動にぴったりです。あるいは、電車や地下鉄に持ち込める折り畳み式自転車を選びましょう。

自転車で通勤する気になりました？ それはよかった！ すべてをスムーズに運ぶための準備として、いくつかのステップをお話ししましょう。

慣れる

実際に通勤を始める前に、職場の行き帰りの道を自転車で走る練習をしましょう。これまで1000回も徒歩または車で通っている道でも、自転車では景色も感じ方も違うはずです。

時間を計る

道路上の自転車や車や歩行者の数が多いラッシュアワーには、見込みが変わることに気をつけて。十分に時間の余裕を見ておきましょう。

備える

空気入れ、予備のインナーチューブ、ライトの予備バッテリーをバッグに詰めて、つねに持っておくようにしましょう。予備を使ったらその足で、一番近い店まで自転車を走らせ、すぐに補充しましょう。パンクしてしまい、予備のインナーチューブがなくて、上司が午前9時のプレゼンを予定しているのに、職場まで延々と歩く羽目には陥りたくありませんよね！

仲間をつくる

完全に自信がついていないなら、最初は一緒に自転車を走らせる仲間を見つけましょう。互いにペースを一定に保てますし、励まし合うこともできます。それに仲間はルートを隅々まで知っているでしょう。職場の社内ネットに広告を出すか、自転車通勤を始めたくて仲間を探していると、口コミで広げましょう。職場でほかに自転車に乗る人がいない場合、近所のオフィスや職場、地元の自転車クラブ、またはネットの自転車フォーラムを試してみましょう。ベテランのサイクリストはたいてい、喜んで初心者を助けてくれます。

自転車インストラクターのレッスンを受ける

道路を走る感覚とスキルを磨くために、前もってやっておきましょう。可能なら、職場へのルートを一緒に自転車で走ってもらいましょう。

パンクを修理する

問題が起きた場合にやるべきことを知るために、パンクの修理とチェーンのかけ直しを練習しましょう。基本的なメンテナンスのアドバイスは第6章を参照してください。

メカの問題

自分では対処できないメカの問題が起きた場合に備えて、一番近い自転車店や修理工場の番号を携帯電話に入れておきましょう。

時間的余裕をたっぷり

自転車走行そのものだけでなく、職場に到着したあと、おしゃれサイクリストから職場の女神に変身するための身支度にも、時間が必要です。詳しいアドバイスは第5章を参照してください。

> **Why I cycle**
>
> 「私が自転車に乗り始めたのは、ストレス解消と交通費節約のため。毎日通勤するだけでなく、毎週末1日は新しい地域を探検しているの。自転車は日常生活の有益な一部になっていて、忘れると罪悪感を覚えるわ。サイクリングは最近、ばからしいくらい流行を追いかけていますよね。完全装備できちんと道路を走るのはまだ『カッコいい』とは思われていないけど、個人的には、自転車に乗るときはおしゃれよりも機能性を感じたい」
>
> ——ジュールズ、26歳

体力づくりのためのサイクリング

　定期的な運動が体にも心にもとてもよいことは、周知の事実です。運動は体や健康にすばらしい効果があるだけでなく、集中力、ストレス解消、リラックスにも役立ちます。

　運動としてのサイクリングのメリットはいくつもあります。本当に誰でもできるので、自転車に全然乗れない人はほとんどいません。体に無理のない運動なので、ランニングや「へとへとになる」タイプのトレーニングクラスよりも、関節にやさしいです。しかも、坂を取り入れれば、脚、腿、上半身に効くだけでなく、500カロリー以上を消費できます。

　1人が好きな単独行動派の人にとって、自転車で出かけるのはおおいに精神浄化作用があり、どうしても必要な「自分の時間」を実現できます。人づきあいや知らない人との出会いが大好きな社交的な人たちにとって、サイクリングは共通の関心と経験を通して新しい友達やきずなをつくるのに最適です。要するに、誰にとっても何かしら得るものがあるので、理想的な運動であり趣味なのです。そこから疑問がわきます。なぜ、もっと大勢の人がやっていないのでしょう？

　多くの女性は、サイクリングを含めた運動の一番の難点は、汗をかいて髪形が台無しになることだと報告しています。

　汗をかくのは何となく女らしくない、という腹立たしい考えが根強く残っています。多くの調査やアンケートによると、女子はごく幼いときから、おしゃれに見えることを好み、汗をかいたり髪が変になったりするのがいやで、運動を敬遠するようになるそうです。2011年、アメリカ公衆衛生局長官がアメリカ人女性のために、髪形が崩れることよりも、もっと活動的になることに気を使ってほしいと声明を発表しています。

　「女は汗をかかず、ほてるもの」という格言があります。くだらない。クリスティン・アームストロングも、ヴィクトリア・ペンドルトンも、ただ「ほてる」だけでは今の地位に上ることはありませんでした。2人とも夢をかなえるために、血と汗と涙とさらに多くの汗を流したのです。この2人の女性が女性らしくないと言う人は、誰であろうと私は許しません。

　汗をかかない運動などというものはありません。イメージとしてはとてもしとやかなウォーキングやピラティスやヨーガでさえ、汗をかきます。もしかかないなら、やり方が正しくないのです。汗をかくということは体を動かしているということで、その見返りに体調がよくなり、肌が明るくなり、健康になります。女性らしくないことなど何もないのです。

下：ライフスタイルの一部として汗をかくことを受け入れましょう。体に感謝されます。

サイクリング用の服装

　日常的なサイクリングのために、ふさわしい「身支度」として必要なものはごくわずかです。あなたが快適であれば、何を着て自転車に乗ってもかまいません。幅広のズボンやブーツカットのジーンズはチェーンにからまる可能性があるので、かわいい自転車用裾止めを入手して、ズボンを脚に固定しましょう。反射素材やハイビズ（高視認性）のものなら、さらに安全です。歩いて膝を曲げられるものなら、それをはいて自転車に乗れるでしょう。本当にご法度なのは、極端に細いタイトスカートとロングドレスです。脚の自由が効かないと自転車をこぐのに苦労しますし、おまけに、街の人みんなに下着を見られるかもしれません。タイトスカートやマキシドレスを目的地で着たいのであれば、そちらはバッグに入れて、移動中は短パンかレギンスをはきましょう。

　日常的な服装でほかに考慮すべき点は素材だけです。もうおわかりのように、自転車に乗っている間はおそらく多少汗をかきますから、皮膚の呼吸を妨げる合成繊維は事態を悪化させるかもしれません。天然の木綿、竹布、メリノウールを選ぶか（次ページの「ベースレイヤー」を参照）、あるいは木綿か竹布のTシャツを着て自転車に乗り、目的地に着いたら着替えましょう。冬には、分厚いセーターやパーカーを着たくなるかもしれませんが、雨が降った場合や体温が高くなり過ぎた場合、とても湿っぽく重くなって、なかなか乾きません。代りに軽いフリースを選びましょう。

　サイクリングのファッションや、日常的な服装でのサイクリングについて、詳細は第5章を参照してください。自転車に病みつきになるか、定期的なサイクリングを本当に日常生活に組み込むようになると、基本的なアイテムだけでなく、あまり基本的ではないアイテムにも、投資することを考えたくなるでしょう。

下着

　本格的なオフロード走行を計画しているのでなければ、サイクリング用の本格的なスポーツブラは必要ありませんが、サポートは必要ですし、ペダルをこいで坂道を上がっているとき、アンダーワイヤを食いこま

せる必要がないのは確かです。中程度のサポート力のあるスポーツブラか、クロップトップスにしましょう。

Tバック下着でサイクリングをする女性を大勢見かけたことがあります（「レギンスとタイツについて」を参照）。私個人としては、Tバックほどサイクリングのときにはきたくないアイテムはほかに思いつきません。コットンの当て切れがついた普通の下着が絶対にサイクリング向きです。

ベースレイヤー

長袖、半袖、袖なしのバージョンがあるこの驚異的な衣服は、周囲が暑くなったら体温を下げ、周囲が寒くなったら体温を上げてくれます。たいていのスポーツ店か、サイクリングやスポーツ専門のウェブサイトで買うことができます。

理想的には、メリノウールのベースレイヤーを探しましょう。この軽くて柔らかい素材は、自然に汗を皮膚からアウターの布地へと引き出すので、汗が蒸発しやすくなります。「ウィッキング」と呼ばれるこのプロセスのおかげで、どんなに暑さに悩まされても、さっぱりしていられます。同じく汗を「ウィッキング」する効果を持つ合成繊維をつくっているブランドがたくさんありますが、メリノがその先達です。

ベースレイヤーはおしゃれと言うより機能的です。トップスやセーターやジャケットの下に着るようにデザインされているので、ほとんどが色もデザインもあっさりしています。ベースレイヤーは心地よくぴったりフィットするものを選ぶこと。

レギンス

このちょっとしたファッションアイテムは風や寒さから脚を暖かく守るのに、そのせいで重くなったり汗をかきすぎたりすることはありません。普通のズボンのようにチェーンにからまることもありません。安いファッション用のレギンスで間に合わせることもできますが、きちんとしたランニングまたはサイクリング用のレギンスは、投資する価値があります。素材がスポーツや体を動かす活動に適していて、汗のウィッキング効果と抗菌効果があります。さまざまなファッションに合うように、仕上げもマット、光沢、模様入りなどさまざまなものがあります。レギンスだけをはくか、または上からワンピース、短パン、またはスカートを着用します。

サイクリング専用のタイツやレギンスは、たいてい、おしりの部分にパッドが入っています。これはとても快適で、使っている人はほとんどが愛用しています。しかしパッド入りのタイツは、決しておしゃれなアクセサリーとしては使えません。正直、あまり着映えはしません。ちょっと余分なパッドには心惹かれるけれど、大きなおむつをしているように見えるのがいやなら、上に短パンをはきましょう。

レギンスとタイツについて一言

淑女のみなさん、率直に言います。一般の人たちがあなたの下着を見る必要はありません——もしあなたがスーパーモデル並みのすらりとした長い脚と桃のようなきれいなおしりに恵まれているのでなければ。自転車に飛び乗る前に、レギンスか厚手のタイツをはいて、自分のために強いライトの中で鏡を見ましょう。パンティーラインが見えるのは、あまりカッコよくありません。ファッション用のレギンスとタイツはとくに必要なカバー力がないので、パンティーラインに対する通常の解決策であるTバックは、あなたが文字どおり自分のおしりを世間にさらしたいのでないかぎり、適切ではありません。上に短パンかスカートをはくか、おしりをすべてカバーする長めのTシャツやベストでレギンスを覆えば、あなたの問題は解決し、尊厳は守られます！

> **What I wear**
> 「自転車に乗る女性向けのウェアを売る専門のウェブサイトがいくつかあって、私はそこで実に実用的かつカッコいいものを買ったことがあります。それ以外は、自分の服をちょっと改造しているの。ワンピースでもOKだけど、丈が短い場合は短パンを下にはくわね。短距離の移動であれば、ハイヒールやビーチサンダルでも行けるけど、長めの距離の時は運動靴をはきますよ」
> ——ローラ、33歳

サイクリングはオールシーズン　65

防水ズボン

　幸運にも太陽がつねに輝いている場所に住んでいるのでないかぎり、防水ズボンは必需品です。びしょ濡れのおしりはとにかく不快です。ズボンのすそがチェーンに巻き込まれないように、引きひものついたタイプのボトムスを探しましょう。ただし、予想外のにわか雨に降られた場合に備えて、自分の服の上にはけるように、普段着ているものより大きいサイズを買うこと。使わないときは丸めて自転車用バッグに押し込んでおきましょう。

ジャケット

　軽い防水ジャケットがあれば、思いがけない土砂降りから身を守れます。水たまりに遭遇することがあるなら、おしりびしょぬれ症候群を避けるため、後ろが長くなっているスタイルを選びましょう。ハイビズ服を選ばなくても安全でいられるように、反射素材の布や縁取りがついた、すてきなサイクリング用ジャケットも売られています。もちろん、内面の情熱を表現したいのであれば、蛍光色を堂々と着ましょう！　優れたサイクリング用ジャケットはうまく小さく畳めるので、太陽が顔を出すことに決めた場合に、バッグの中に無事に収まります。防水ジャケットの下に重ね着もできるので、冬用のジャケットをぬらす必要はありません。

バッグ

　主な選択肢は3つ、メッセンジャーバッグ、リュックサック、パニエ（自転車の後部の荷台に引っかけて運べるバッグ）です。

メッセンジャーバッグ

　あまり荷物がない場合にぴったりです。化粧品、予備のトップス、そしてハイヒールが楽に入り、あなたはただそれを肩にかけて、自転車に飛び乗ればいいのです。スポーティーなキャンバス地のバッグから、美しいレザーバッグまで、選択肢も幅広くあります。

リュックサック

　実用的で機能的、しかもあまり重みを感じないで運ぶことができます。たいていは着替えと靴と化粧品が入る容量があって、負荷が均等にかかるので、背中を痛めることがありません。リュックサックの難点は、どうしても背中に汗をかくことです。帰りに湿った服を着ないですむように、速乾繊維のベースレイヤーを着ましょう。

パニエ

　自転車の荷台に直接引っかけるので、背中に余分な重みを負う必要がありません。最近の自転車は荷台を標準装備していないものが多いので、買って取りつける必要があります。きれいなデザインとスタイルのパニエが豊富にそろっていて、荷物が多いときのためのダブルパニエもあります。しかし荷台とパニエが自転車の後部に重みをかけるので、スピードが遅くなります。

小さい荷物

　もっと小さい荷物のためには、自転車のハンドルバーやサドルの後ろに取りつけるかわいいバッグを買うこともできます。ショッパーに乗っている人は、ハンドルバーにカゴを取りつけることもできます。公の場でカゴにハンドバッグや財布のような貴重品を入れる時には気をつけましょう。通りがかりに泥棒が手を突っ込んで、あなたの持ち物をひったくるのはとても簡単です。

手袋

　手袋はしっかり握るのに役立ちます。雨の中や暑くて汗をかいた時、ハンドルバーがどれだけ滑りやすくなるか、甘くみてはいけません。両手にとってのクッションや保護にもなります。実はサイクリングの時の手は、とくに少しスピードを上げようとしている場合、かなりきつい仕事をするのです。転倒する時には自然の本能として、衝撃を和らげるために手をつくことが多いので、手袋をしているとすり傷や切り傷やあざを防げます。雨、風、日光など、自然はハンドルバーを握っているほぼむき出しの両手を襲います。手袋はそんな手を守り、肌が乾燥するのを防ぎます。近所の手ごろな店で手に入る安物は、ごく穏やかな天候以外では役に立たず、ぬれた冷たい手ほど、あなたを悲しく不快な気持にさせるものはないでしょう。自分の手にやさしくして、機能的なサイクリング手袋を少なくとも1組は買いましょう。

小さいハンドルバーバッグは鍵や財布などの必需品を持ち歩くのにぴったりです。

ハイビズのたすきやベストを身に着けていれば、車のドライバーなどの道路ユーザーが1キロ半先からでもあなたを見つけられます。

寒い時期には重ねてはめましょう。厚めのフリースか防水の手袋を薄い手袋の上にはめて、暑くなったらすぐにはずせるようにします。

ハイビズ（高視認性安全服）

蛍光色のジャケットは最近絶賛されていますが、ハイビズのファッション性はお世辞にも高いとはいえません。

しかしハイビズの安全性は無視できません。安全なサイクリングの黄金律は、すでに確認したとおり、あなたが見えなくてはならないことです。ハイビズはファッションとしては理解しがたいかもしれませんが、単純に常識なのです。

もし疑いがあるなら、夕暮れ時に車（またはタクシー）に乗って、サイクリストを探してみて。ハイビズに身を包んできちんと身を守っている安全なサイクリストは見えますか？　もちろん見えます。全身黒い服で暗闇の中を静かに走る「忍者」は見えますか？　いいえ、すぐ近くに来るまでほとんど見えません。ライトを点けず、光を反射するハイビズ服も着ていないサイクリストがどんなに見えにくいものか、わかると本当にゾッとします。

明らかな解決策は蛍光色のジャケットですが、工事現場の人に見えるのがいやなら、ハイビズのたすきに投資しましょう。自転車に乗るときに服の上からかけるだけですから、最終目的地に着いたら外せばいいのです。

靴

サイクリングに特別な靴は必要ありません。どんな運動靴でもフラットシューズでもかまいません。運動靴のほうがサポート性が高くて快適ですし、靴底にでこぼこがあればペダルをしっかりとらえられます。短い距離ならハイヒールでも走れます。しかし長い距離には実用的ではありません。ハイヒールはバッグに入れて、フラットシューズをはきましょう。

クリップレス・ペダル用のサイクリング専用シューズを買うこともできます。「クリート」と呼ばれるこの靴は、ペダルにしっかり取りつけられるので、より大きな力を生み出し、スピードを上げることができます。初心者や気晴らしで自転車に乗る人に、クリップレス・ペダルとクリートはまったく必要ありません。性能を上げるためのオプションであって、決して必需品ではありません。

What I wear
「自転車に乗り始めた当初は普段の服でしたね。のめり込むにつれ、基本的なもの、たとえば冬用のベースレイヤー、防水ジャケット、短パンやスカートの下にはくランニングタイツに投資したの。一番の買い物は、赤と白の皮の指なし手袋で、甲の部分にloveとhateと刺繍されているの。すごくパンクで粋よ!」

——フェイス、28歳

夏は軽い生地と素足で涼しく過ごしましょう。

季節ごとの服装

自転車を走らせるときの喜びも課題も、季節によって異なります。では、どうすれば晴雨にかかわらず、快適に自信を持って自転車に乗れるのでしょうか？

春の服装

春より美しい季節があるでしょうか。長く暗く寒い冬が終って、太陽がようやく現れる最初のもやのかかった数日は、ちょっとした天国です。春は世界が命を取り戻す季節。色と光が私たちの生活に染み込んでいき、もうすぐ夏が来るという期待に、誰もがウキウキと前向きな気持になります。

しかし春の天候は気まぐれです。時々射す日光と頻繁なにわか雨が、サイクリストを悩ませます。気候が段々に暖かくなる時期には、重ね着がベストです。ベースレイヤーとレギンスを基本に、必要に応じて着たり脱いだりできます。

竹布のTシャツとトップスを探しましょう。自然な汗のウィッキング効果がある非常に柔らかい布地で、あなたの体を涼しく、さっぱりと、乾いた状態に保ってくれます。メリノウールのセーターは、気温が下がった場合に暖かさを保つため、あるいは1枚余分に着る必要がある場合のために、投資する価値があります。本当に金を惜しまない気持ちがあるなら、究極の高級スポーツウェアとして、メリノとカシミア混紡を手に入れましょう。

夏の服装

暑くなったら、重要なのは涼しさを保つことです。夏には少ないほうがいいのは当然です。木綿のベスト、フワッとしたスカートか、ぴったりの短パン、そしてサマードレスを考えましょう。ペダルをこぐことで鍛えられたすてきな脚を見せびらかす時です。ショートスカートに尻込みしないで。でも品位を守るために、下に短パンをはきましょう。マキシ丈が好きな人は、チェーンに引き込まれないようにスカートを膝上で結ぶか、バッグにしまって着いたらはき替えましょう。

リネン、木綿そして竹布が、夏には相棒になります。汗の出る合成繊維には手を出さず、ナチュラルなものにしましょう。

自転車用バッグに防水ジャケットと軽いメリノのカーディガンを入れておいて、気温が下がった場合に羽織りましょう。それからサングラスを忘れないで！

秋の服装

秋は涼しくなり、日差しが弱くなり、少し風が強くなりますが、小春日和も考えに入れましょう。またもや重ね着が真価を発揮します。ベースレイヤーで暖かさとサラサラ感を保ち、木綿や竹布のトップスやTシャツを足すといいでしょう。

秋には少しジメジメしてきます。びしょぬれのおしりにならないように、自転車用バッグに防水ズボンを入れておきましょう。防水ジャケットはつねに欠かせません。いつ必要になるかわかりませんから。防水靴下があれば、足を暖かく乾いた状態に保てます。防水ズボンを上からかぶせるか、サイクリング用裾止めでズボンを止めましょう。そうでないと、雨が脚をしたたって、靴下の中に集まってしまいます。

冬の服装

断トツで一番つらい季節です。外が寒い時、厚着をしたい誘惑に駆られますが、5分も自転車を走らせると、厚くて重い服の下が汗だくになります！　女子は何をするべき？　重ね着、重ね着、重ね着！　冬用の長袖ベースレイヤーを選びましょう。その上に長袖のトップス、軽いセーター、厚めのニットを重ねますが、外で脱ぎにくいものは選ばないこと。フリースのジャンパーはまさに冬のサイクリングの必需品。フリースは暖かく、しかも雨に降られた場合や、とくべつ夢中になって汗をかいた場合にも、すぐに乾きます。

十分に重ね着すれば、本格的な冬用ジャケットは必要ないはずです。普通の防水ジャケットなら乾いた状態を保ちます。よく雪が降るところに住んでいる場合、丈夫で耐久性のある防水の冬用ジャケットが必要かもしれません。首を守るように襟が高く、背面が長いものを選びましょう。

冬にはあたりがかなり暗くなるので、必ずハイビズと反射材を身に着け、自転車をタイムズ・スクエア並みにライトアップしましょう。気温が本当に下がったら、スカーフやスヌードで首と耳を暖かくしておけます。頭が寒い場合は、ヘルメットの下につばなし帽をかぶるのもいいでしょう。重ね着のアプローチを手袋にまで広げましょう。2組以上必要かもしれません。ブレーキやギアを使いにくくなるおそれのある、分厚い保温性のいい手袋よりも、軽いものを数枚重ねるほうが賢明です。顔が凍りつく？ 自分の中の悪女を呼び出して、目出し帽をかぶりましょう。

おすすめの食事と栄養

すでに確認したとおり、サイクリングはすばらしい運動です。定期的に行う計画なら、食べるものに気を使う必要はありません——もちろん良識の範囲内で！実際、サイクリングはたくさんのエネルギーとカロリーを燃やします。食生活を少し微調整すると、エネルギーレベルを保つのに役立ちます。低脂肪・低炭水化物で糖分の多い「ダイエット」をして、腹ペコになってエネルギーが必要なのでチョコレートケーキを詰め込むようなことをするより、エネルギーと血糖値のレベルを安定させる食事をするほうが賢明です。

通常のヘルシーでバランスのとれた食生活の基本原則が、ここにも当てはまります。第1に炭水化物を取りましょう。炭水化物はあなたの味方です。現在ブームの低炭水化物・高たんぱく質の食事は、ここでは出番がありません。炭水化物はエネルギーに不可欠で、血糖値を安定させます。血糖値が上下すると、ジャンクフードのようなカロリーだけの食品が食べたくなるので、それを防ぐのです。できるかぎり全粒の炭水化物を選びましょう。玄米、全粒パスタ、黒パンはみな、白いものと同じくらいおいしくて、体にははるかによいものです。

第2にタンパク質を忘れないこと。エネルギーにとって重要です。魚、白身肉、赤身肉、すべて望ましい食材です。赤身肉は一般に悪く言われていますが、魚や白身肉より飽和脂肪の割合は高いものの、エネルギーにとってきわめて重要な鉄分を豊富に含んでいます。脂肪の摂取量が心配な場合は、脂肪分の少ない肉を選びましょう。本当に赤身肉を摂取できない場合には、鶏のモモ肉のほうが鉄と亜鉛を多く含むので、ムネ肉よりモモ肉を選びましょう。肉を使わない食事をしている場合には、良質のタンパク源として、ナッツ類、乳製品、豆類があります。

いろんな種類の果物と野菜を食べ、鉄分豊富な葉野菜も忘れないこと。鉄分が不足すると、だるくてボーっとしてしまい、どんなに運動しても元気が出ません。

これまでどおり、脂肪や糖分やでんぷんの多いおやつはおやつとして扱いましょう。おやつであって、朝食や昼食や夕食ではありません。不必要に自制する

下：寒くてもやる気をなくさないで。暖かい格好をして楽しみましょう！

必要がないのは確かですが、自転車に乗るたびにおやつを食べる「当然の権利」を得るのだと理屈をつけると、せっかくの努力を取り消すことになってしまいます。とくに長旅をひかえていて、すばやくエネルギーが必要になる場合に備えて、バッグに多少の軽食を入れておきましょう。ナッツ、フルーツ、体にいいスナックバー、麦芽パンなどは、エネルギー補給にぴったりで、しかもおなかがいっぱいになりすぎず、体も重くなりません。とはいえ、チョコレートだけで十分な場合もありますね！

　食習慣を1つだけ変えるとしたら、朝食を変えましょう。全粒トーストとピーナッツバター、ミューズリー、ヨーグルト、卵、あるいはバナナ1本だけでも、何も食べないよりましです。忙しすぎるから、減量しようとしているから、とにかく朝は食欲がないから、などの理由で朝食を抜く人が大勢います。しかし朝食をとることは体が感謝する習慣です。ただし、砂糖のかかったシリアルや、砂糖たっぷりの大きなマフィンや、チョコレートチップクッキーには走らないこと。低血糖を起こして、午前11時にはおなかがペコペコになります。
食生活を極端に変える前に、必ず医師に相談しましょう。とくにアレルギーがある場合や、特殊な食事制限のある糖尿病などの病気にかかっている場合は、注意が必要です。

　サイクリングは体重管理に役立つ可能性はあるものの、その点に問題がある場合、食べたい時に食べたいものを食べていい免罪符ではありません。飽和脂肪や糖分や添加物の多い食事の有害な影響は、どんなに運動しても緩和されません。食べものとの関係がこじれている人は、サイクリングを始めれば、より健康的なライフスタイルを受け入れやすくなるかもしれません。なにしろ、自分の体に気を配る動機ができるのですから。

　とはいっても、食習慣を変えられないと思う人も、自分にサイクリングは無理だと決めつけないで。まず医師に相談しましょう。食べものについて極端な問題がなければ、食習慣が悪くても自転車に乗るほうが、食習慣が悪くて運動をまったくしないよりましです。かなりの距離を自転車で走れば、食欲は増すと思ってく

上：サイクリングに必要なエネルギーを維持するためには、極端に食事を変える必要はありません。ヘルシーでバランスのとれた食事を心がけるだけです。

ださい。本項でざっと説明したヘルシーな食事にこだわれば、サイクリングに必要なエネルギーを補給できますが、いつもより疲れがひどいと感じる場合や、エネルギー不足だと思う場合、医師か栄養士に相談して、サイクリングのための食事についてアドバイスを求めましょう。

体をいたわる

ジェーン・ウェイク、イギリスを代表するフィットネス専門家

サイクリングは本来すばらしい有酸素運動です。最高の体調を維持し、運動によるけがのリスクを抑えるために、姿勢について考え、簡単なストレッチを日課に組み入れましょう。

ジェーン・ウェイクは22年の経験を持つイギリスを代表するフィットネス専門家で、スポーツマネジメントの修士号を取得し、その顧客リストには大勢の著名人、トップクラスのアスリート、そして優良企業がひしめいています。ここで彼女から、有益なヒント、アドバイス、そしてサイクリスト向けの運動を教えてもらいましょう。姿勢を意識し、サイクリングに合ったテクニックを使うことで、どれだけ自分の身をけがから守れるか、速く効率的に自転車に乗ることができるか、説明してもらいました。

背中をサイクリングに良好なコンディションに保つには

けがをせずに快適にサイクリングができる状態を保つ最善の方法は、『ニュートラルな背骨』を使うこと。つまり、背骨を自然な曲線に保つことです。そうすることで、背中が最も強い姿勢になり、筋肉の緊張とバランスがベストの状態になります。この姿勢で筋肉を強くすることができれば、問題を起こさずに続けて何時間も快適に自転車を走らせることができるでしょう。

できるだけたくさん背中を動かしましょう。柔軟性のない背中では、正しい姿勢を保つのが難しくなります。ヨガやピラティスや、背中の健康に重点を置く運動を試してください。

ニュートラルな背骨の姿勢を保つには、背骨を伸ばして自転車にすわり、胸をハンドルバーのほうに下げるのではなく前に向けて、後ろで尾骨を伸ばします。ハンドルバーはレースの時のような低い位置ではなく最上部をつかみ、肩

を後ろに引き、腹筋を引き締めましょう。

　あごを引いて前方が見える姿勢を目指します。見上げるためにあごを突き出すと、首の後ろが縮まって、背中の上部と肩に緊張が生じます。

　体幹を使いましょう。体幹の筋肉を引き締めると、自転車の上での安定感が増すだけでなく、背中への負担が減ります。体幹の筋肉は腹筋だけでなく、背骨をニュートラルに保ち、体のバランスを取る体内の筋肉群と考えてください。足の母指球から股間を通り、体の中央から腰へとゆっくり前方に押される感覚を考えてください。胸郭の下でおなか全体を持ち上げ、頭のてっぺんまで広げていきます。同時に、両肩を後ろに引き下げ、あごを引き、目はまっすぐ前を見ます。

サイクリングのテクニック

　クリートではない普通の靴で自転車に乗る場合、自転車をこぐ時には押し下げるばかりで、引き上げることがない動作になりがちです。引き戻す動作をするプロのサイクリストは、より効率的で速いだけでなく、けがをする可能性も低いことが研究で明らかになっています。母指球を押すだけで、腿の前部の大腿四頭筋を使っています。この筋肉は一般的な活動で常に使っているので、すでに強く引き締まっています。サイクリングで他を意識することなく使っていると、さらに引き締まって、他の筋肉とのアンバランスが大きくなり、ひいてはけがにつながりかねません。

　引き戻すことを意識しましょう。ペダルを一番下から引き上げる部分の動作、時計の針で言うと、4時から12時までを考えましょう。もっとそこに集中し、足を引き上げることを考え、脚の後部のふくらはぎと膝腱の働きを感じましょう。

右：バランスを取って背中を守るために、体幹の筋肉を使い、両肩を引いておきましょう。

サイクリングのためのストレッチ

　筋肉が張って不快感を生じるようにならないために、定期的にストレッチをすることが大切です。ピラティスやヨーガは運動の日課に加えるのにぴったりで、筋肉強化に役立ちます。あるいは、サドルにすわっていないときの体への気配りとして、ジェーンが勧める次のストレッチと運動を試してみましょう。

　ほぼ毎日ストレッチすることを目指しましょう。晩のお風呂のあと、テレビの前でやるのが理想的です。脚の筋肉を伸ばします。とくに大腿前面ですが、膝腱、ふくらはぎ、おしりと腰の臀筋も忘れずに。背中と肩もよく伸ばす必要があります。各ストレッチを少なくとも1分続けて、伸ばすときはリラックスし、息を吐きましょう。

1　体幹の筋肉を伸ばす
　膝と手をついて四つん這いになり、背骨をニュートラルにします。両手は肩幅、膝は腰幅に開き、腰を軽く曲げます。肘を少し曲げて、内側に入れます。わきの下に鉛筆をはさむところをイメージしてください。視線は床に落とし、指先の上を見ます。上半身にすでに効いているのを感じるはずです。次に、つま先を立てて足の母指球の上に乗っかるようにして、注意深く膝を床から持ち上げます。体幹の筋肉を引き締めておくことに集中し、ニュートラルな背骨の姿勢を維持しましょう。

2　横になって膝腱とふくらはぎのストレッチ
床にあおむけになり、右足の下にタオルかバンドを置いて、ゆっくり脚を天井に向けて伸ばします。そのままゆっくり3〜6回呼吸します。かかとを天井のほうに、

76　サイクリングはオールシーズン

尾骨を床のほうに押すことを意識し、ふくらはぎが伸びるのを感じましょう。反対の脚で繰り返します。

オルを使いましょう。腰を床に押しつけたまま、徐々にかかとをおしりに近づけます。そのままゆっくり3〜6回呼吸してから、反対の脚で繰り返します。

3　横になって腰とおしりのストレッチ
　バンドかタオルを左の大腿に回し、右の下腿を左の大腿に交差させます。バンドを左手でつかみ、ゆっくり左足を床から持ち上げながら、右膝を右手でやさしく押します。おしりは床につけたまま、おなかを引っ込めておきます。右のおしりが伸びるのを感じるはずです。そのままゆっくり3〜6回呼吸してから、反対側で繰り返します。

5　正座して胸と首と背中のストレッチ
　止座の姿勢から、左の手と前腕を低いスツールか椅子の上に置きます。肘を直角に曲げて、徐々に体を右側から離れる方向へ押し下げて、胸と首がやさしく伸びるのを感じるまで、左のほうを見ます。そのままゆっくり3〜6回呼吸してから、反対側で繰り返します。腕からゆっくり顔をそむけるとき、肩甲骨を引き下げます。

4　横になって腿の前部と腰のストレッチ
　うつぶせに寝て、頭を左手の上に置きます。右足をつかんでください。手が届かない場合は、バンドかタ

サイクリングはオールシーズン

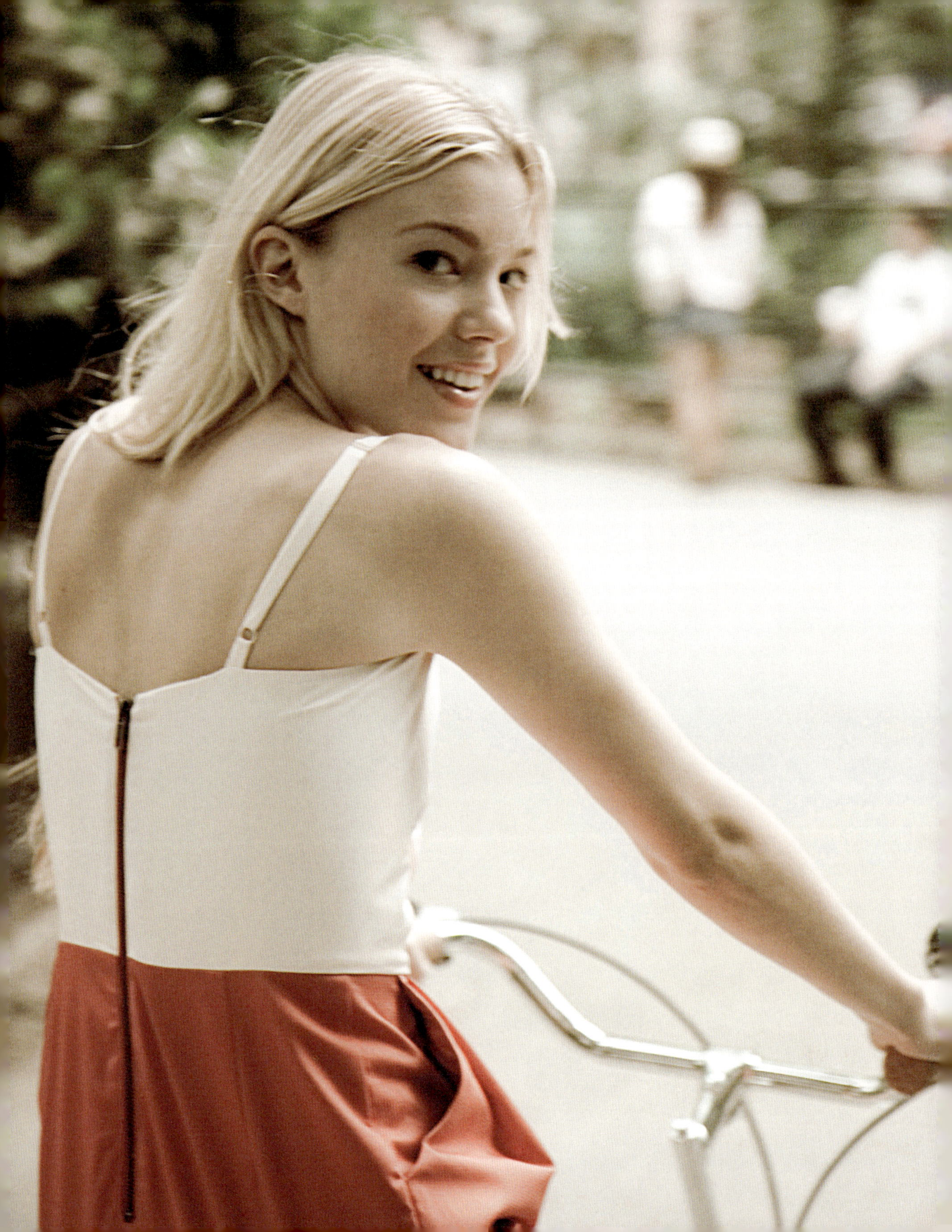

第 5 章　カッコよく自転車に乗るには

looking good while cycling

5

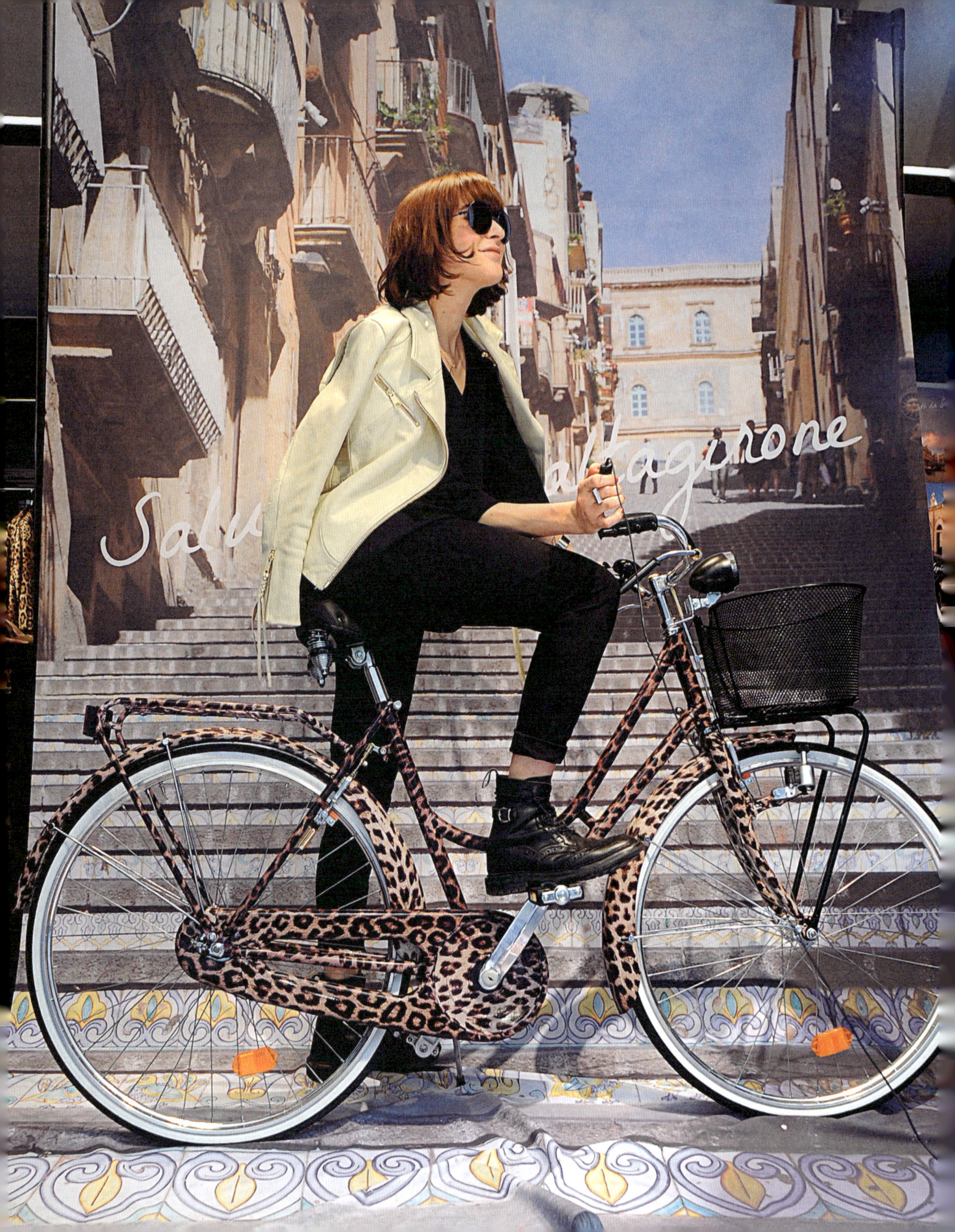

女性自転車界に革命がおこり、今や自転車は"オシャレ"なのです。

ダイアン・フォン・ファステンバーグ、ベッツィ・ジョンソン、アイザック・ミズラヒのような人たちにカスタマイズされた自転車が、ニューヨーク・ファッション・ウィークでレンタルできます。ヘンリー・ホーランドやジャイルズ・ディーコンのデザインした自転車用アクセサリーがロンドン・ファッション・ウィークに出ています。グッチとシャネルは自社の自転車をデザインし、シャネルはサドルにロゴをキルティングしています。パーシェリー・ポピーの自転車は高級ファッション雑誌の撮影に使われています。目の利くヒップスターが選ぶアクセサリーとして、スキニー・ラテや伊達メガネに代って、固定ギアのいわゆるフィクシー自転車が選ばれています。自転車は何よりもホットで、スタイリッシュで、ファッショナブルな小物なのです。

おしゃれな人たちの守備範囲にも入るようになり、大勢の一流ファッション業界人が喜んでサイクリングのすばらしさを喧伝しています。テレビレポーターのドーン・ポーターは非常に熱心なサイクリストで、ロンドン・サイクル・シックのブログでこう語っています。「もうマイ自転車に夢中！ これがなければ、こんなに少ないストレスで、1日にこんなにたくさんのことをこなせないわ」。彼女はファッションを意識するサイクリストに「色を選んでそれに合わせる」ことを勧めています。「私の場合、すべてピンク！」。スーパーモデルのエル・「ザ・ボディ」・マクファーソンもまた、本格的なファッション業界人のサイクリストです。彼女はスカイライドの発表に集まったメディアに語っています。「ロンドンの中心部にいる時も、都会から離れる時も、できるだけ自転車に乗っているわ。自転車に乗るのにオリンピックチャンピオンである必要はないのよ。外に出て、環境を楽しんで！」。

サイクリングはあらゆる分野のほぼすべての人に受け入れられています。ハリウッド若手スターの典型とも言えるヴァネッサ・ハジェンズも、世界的スーパースターのケイティ・ペリー同様、よく自転車に乗る姿がとらえられています。自身が「マテリアル・ガール」のマドンナでさえ、ツヤツヤのシルバーのマウンテンバイクでロンドンを走り回り、レコーディングのためにアビー・ロード・スタジオに向かうところを写真に撮られています。

どうしてこんな幸せな状況が生まれたのでしょう？ どうしてサイクリングはオタクからおしゃれにジャンプアップしたのでしょう？

長年にわたってスポーツ店や自転車店は、男性向けの自転車、アクセサリー、ウェアを大量に扱っているのに、女性向けには機能重視でかわいくないものをほんの少し置いているだけでした。自転車に乗りたい女性には、あまり選択の余地がありませんでした。男性向けにデ

上と下：スポーティーなおしゃれからファッションショーまで、サイクリングは身近であると同時に多彩です。

前ページ：最新ファッションで自転車に。最高にスタイリッシュなサイクリング

ザインされたゾッとするライクラのウェアを着るか、前章で話したような機能的繊維もしゃれた工夫もない、自分の服で何とかするしかなかったのです。

　さいわい、その状況に満足していない人たちがパイオニアとなって、いわゆる「サイクル・シック」の流れが起こったのです。その1人が、イギリスブランドのサイクロデリックを創立したファッションデザイナーのエイミー・フルーリォです。大半の人と同じように、エイミーは若いころには盛んに自転車に乗りました。ロンドン・カレッジ・オブ・ファッションでアクセサリーの勉強を始めたとき、通学のためにお母さんの古い自転車を借りました。やがてロンドンで静かに、しかし確実に広まっていったフィクシーの流行が彼女の目に留まり、サイクリングは単なる移動手段というより、ライフスタイルの選択肢になったのです。
　サイクリングへの情熱とファッションへの情熱を結び合わせて、エイミーは2006年、イベントブランドとしてサイクロデリックを立ち上げました。2009年には、きれいな自転車用バッグ、ケープ、チュニックなどの製品が続き、そのあと、ロンドンのオックスフォード・サーカスにあるファッションの聖地、トップショップに売り場ができました。これはサイクル・シックの流れにとって決定的な瞬間でした。おしゃれな女性のサイクリングがファッションの主流とクロスオーバーした、初めての出来事だったのです。
　一方、すてきなサイクリング用のウェアとアクセサリーを仕入れて販売するウェブサイトが、次々に誕生しました。カッコよく自転車に乗るためのアドバイスをするブログを併設するサイトもありました。ファッション誌やライフスタイル誌も注目するようになり、サイクロデリックやサイクルシックのような製品が「絶対欲しいもの」として高級雑誌に登場したのです。
　とくに人気のウェブサイトやブランドは、機能的でファッショナブルな製品を扱っています。バッグは自転車のハンドルバーやサドルに取りつけられるようにデザインされていて、しかもおしゃれに見えるのです。デザイン性の高いチュニック、Tシャツ、特注のサイクリング用ワンピースも、竹布やメリノウールや木綿と、ライクラのような高機能素材を組み合せて作られています。ジャケットはハイビズ服の方向には進まず、よく目立つようにするための光を反射する縁取りやパネルが特長的です。少しクラシックな美学にもとづいたサイクリングファッションもたくさんあります。たとえばツイード、雨用ポンチョ、ヘリンボーン、フェイクファーのヘルメットカバー、50年代風の花模様のパニエ。あまりかわいらしいのは好みでない人のために、大胆な色使い、シンプルですっきりしたライン、そしてすばらしい機能性をとくに売りにしているサイクリング用製品もたくさんあります。あなたのスタイルがどんなものでも、自分に合うものを見つけられます。探すべき最高のブランドをいくつか紹介しましょう。p.126にサイトの一覧も掲載されています。

かわいい&カッコいい 最高のブランド

Basil（バシル）
　サイクリングの心の故郷、オランダ発祥のすばらしいブランドで、美しい自転車用バッグとパニエの品ぞろえで有名です。製品には年代物のレトロな雰囲気が感じられます。ハンドルバー用のかわいいカゴや、きれいな花柄のパニエはどうでしょう。自転車用のペットカゴもいろいろとあり、ヴィンテージのショッパーのカゴを子犬にとって居心地のよい場所にできます。

> 「私が始めたころ、自転車に乗る女性はほとんどいなかったわね。たとえいても全身ライクラだった。私にはお手本にする人も、一緒に走ってアドバイスしてくれる人もいなかったの。　初めて夜に自転車で大学から自宅に向かった時のことを今でも覚えているわ。　クラスメートは震え上がって、『夜に自転車に乗ったらだめよ！』と言ったの。　全身を蛍光色で包んだら、まるで戦闘服を着ているみたいで、すごく勇気がわいてきたわ」──エイミー・フルーリォ、ファッションデザイナーでサイクロデリックの創立者

Bobbin（ボビン）

もともとは、現代の実用的な工夫を加えた美しいクラシックなアップライト自転車をつくるメーカーだったボビンは、現在アクセサリーに手を広げていますシャーロック・ホームズの雰囲気があるスタイリッシュなレザーのパニエ、サイクリング用ケープ、それにメタリックなヘルメットをそろえれば、レトロで、どこまでも英国風の、洗練された装いになります。

Cyclodelic（サイクロデリック）

ロンドンブランドのサイクロデリックは、驚くほど豊富な自転車用バッグとアクセサリーの品ぞろえで知られています。ハンドルバーやサドルに取りつけるバッグは、たとえば明るいピンク、ゼブラ模様、口紅のような赤などがあって、丈夫なのに女性らしく粋な究極のアイテムです。創立者のエイミー・フルーリォは、サイクリングへの伝染性の情熱を持った著名なデザイナー。彼女はフィクシーをカスタマイズまでして、基本マシンを誰もが欲しがる芸術作品に変えています。彼女のコレクションには、ファッションと性能を兼ね備えたウェアや自転車用アクセサリーもあります。

Sawako Furuno（サワコ・フルノ）

東京生まれでロンドンを拠点とする建築家のサワコ・フルノは、不可能に思えることをなし遂げました。安全性をとてもおしゃれに実現する、美しいヘルメットのラインアップをつくり出したのです。ファッション界は彼女の驚くべきデザインを絶賛しています。ジャケットなどの製品も企画中で、ヘルメットのようなものなら、すぐさま大ヒットするでしょう。

Terry（テリー）

1985年にジョージナ・テリーが設立したアメリカの女性用自転車ブランド。スタイルと性能を併せ持つウェア、自転車、アクセサリーを販売しています。サイトでは、最高級アウトドアウェア・ブランドのノース・フェースから、流行の靴デザイナーのフライ・ロンドンまで、さまざまな他ブランドのサイクリングファッションも、選りすぐって扱っています。このブランドは製品そのものだけでなく、自転車に乗る女性を増やすために、サイクリングのチャリティーイベントもサポートしています。

YMX

アメリカのスポーツウェア・ブランドYMXは、伝統的なサイクリング用ジャージを、あまり伝統的でない柄や模様でそろえています。カラフルで人目を引く商品ですが、性能は折り紙つき。そのイメージは、中国やケルトのタトゥーなど、世界中の芸術的文化から着想されていて、女性の体を最大限に美しく見せるようデザインされています。

上：スタイルを内容や実用性と結びつけた美しい自転車用アクセサリー。

カッコよく自転車に乗るには

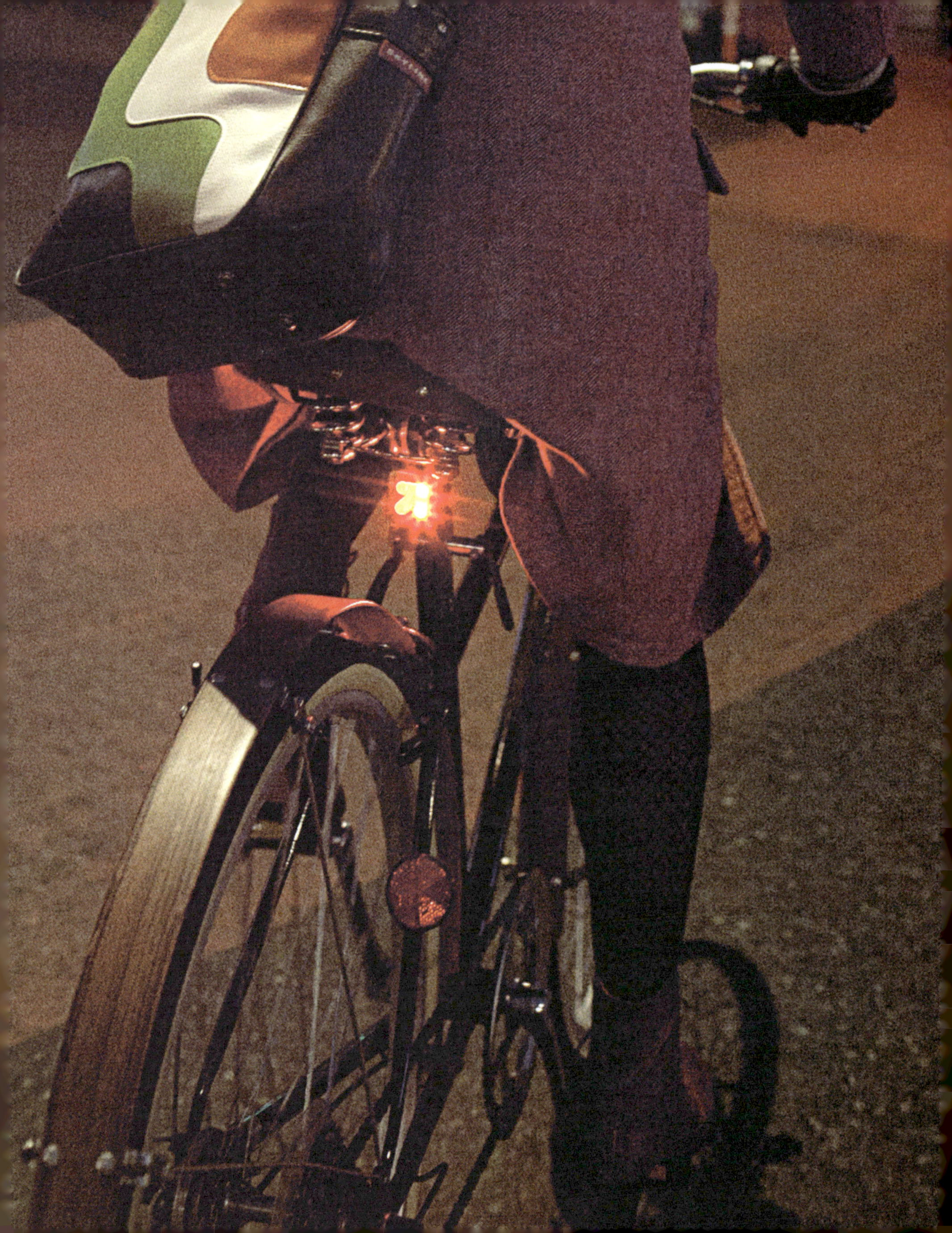

Somberio（ソンブリオ）
　マウンテンバイクの精神とスタイルが凝縮されたカナダのブランド。丈夫でありながらおしゃれなパーカー、タンクトップ、ショートパンツは、ブランド自身の言葉を借りると「ピンクのネイルをしていても、その下によく土が入っている」スポーティーなサイクリストにぴったりです。

Rapha（ラファ）
　イギリスのロードサイクリング・ブランドで、高機能の生地と高性能の製品が一流のサイクリストから愛されています。実際、世界最高ランクのサイクリングチーム、チーム・スカイはラファを公式ウェア業者に選んでいます。女性用の品ぞろえは性能に根ざしていますが、女性の体形を最も美しく見せるようデザインされています。

Knog（ノグ）
　自転車だけでなくヘルメット、バッグ、ウェアにも簡単に取りつけられる、かわいくてカッコいいライトをつくることで有名なオーストラリアのブランド。スタイリッシュなメッセンジャーバッグや絶対欲しい自転車用手袋もつくっています。自転車用の鍵の品ぞろえも、華やかで、大胆で、みんなが欲しがるものです。

Vespertine（ヴェスパタイン）
　最先端のファッション性も兼ね備えた反射材は、この偉大なニューヨークのブランド独自の強みです。商品ラインアップにはベルト、ジャケット、スカーフ、ピン、そしてトレードマークのヴェスパートなどがあり、スパンコールをちりばめたものもあります。見えること、安全であることが、これほどスタイリッシュになったことはありませんでした。

Cyclechic（サイクルシック）
　このすばらしいウェブサイトは、ロンドン・サイクル・シックというブログとして誕生し、世界中の自転

左：かわいくて機能的な自転車ライトを探すには、オーストラリアのメーカー、ノグをチェックしましょう。

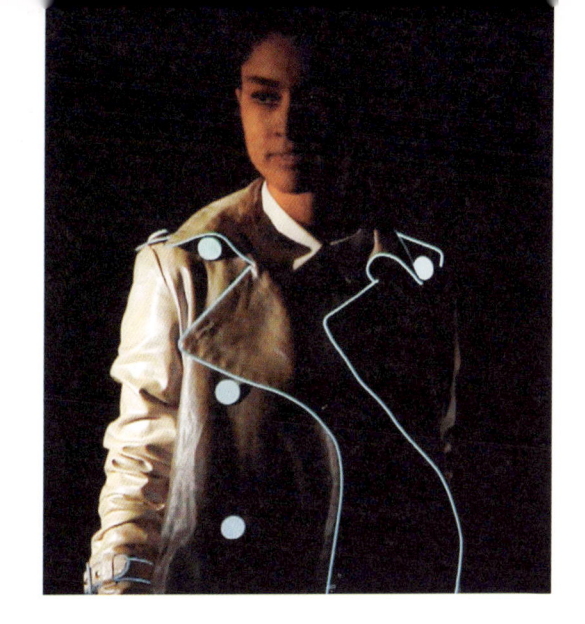

上：賢い反射材の縁取りは、見えるようにするためにハイビズ服を選ぶ必要がないことを意味します。

車関連ブランドから最良かつ最も美しい製品を集めています。おしゃれなヘルメットやゴージャスなバッグとパニエを探すのに、とくに便利です。

Minx（ミンクス）
　これもまたファッション性と性能を重視する世界中の自転車関連ブランドから、最高の商品を集めているウェブサイトです。妊娠したサイクリストのためのマタニティー・サイクリング・ウェアも扱っています。熱心な愛好者からの質問も奨励していて、製品に関する専門知識を喜んで教えてくれます。

Sweaty Betty（スウェッティ・ベティ）
　このイギリスのブランドがつくるすてきなトレーニングウェアは、サイクリング用でなくても自転車生活にぴったりです。体の他の部位を暖め過ぎずに腕を暖かくしておくためのショートボレロをチェックしましょう。

Velorution（ヴェロリューション）
　都会の通勤に適した自転車から、バッグ、ヘルメット、ウェアまで、粋なサイクリングに必要なものすべてをそろえた、すばらしい小さな総合ショップです。このブランドはロンドンを中心としていますが、オンラインショッピングができるウェブサイトがあります。

究極のサイクリング美容法

いくつかマイナーチェンジするだけで、美容の日課を自転車に乗る生活に合わせることができます。

ヘルメットと髪

　正直に言えば、私はヘルメットヘアになったことがありません。そうなっている女性サイクリストもあまり知りません。この点に関して、サイクロデリックのエイミー・フルーリョもなっていません。サイクリングファッションの第一人者である彼女に、ヘルメットヘアについての意見をぜひ聞きたかったのですが、彼女もそれを問題と思ったことがないと知って勇気づけられました。あなたは雑誌や新聞の記事でヘルメットヘアについていろいろと読み、自転車に乗らない人から聞くかもしれません。「自転車にはぜひ乗りたいけど、絶対にヘルメットヘアになりたくないわ」。しかし私の経験では、実際に自転車に乗る人がそのことを話しているのは聞きません。実のところヘルメットヘアは、みんな聞いたことがあるのに誰も実際に経験していない、都市伝説なのでしょう。そうはいっても、髪が細い人や、維持に手間がかかるショートヘアの人は、ヘルメットが髪に与える影響について心配かもしれません。

　ここで大きな問題が2つあります。第1に、ヘルメットはとても暑くなる可能性があるので、ある程度の時間、あるいは天気のいい日に、自転車に乗る場合、汗が髪に影響する可能性はあります。

　第2に、ばっちりセットする髪形の場合、あなたが朝の時間のすべてを費やして立てた逆毛を、ヘルメットが押しつぶしてぺちゃんこにするおそれがあります。

　髪が心配なら、ドライシャンプーと、旅行用ブラシと、普段使っているスタイリング剤を持ち歩きましょう。ドライシャンプーをさっと振りかければ、汗の問題は解決するはずで、目的地に着いたら、普段のように女の命のスタイリングをすることができます。髪が長めでもべとつきがちな場合、美容の専門家は、余分な油分を吸収してボリュームを出すために、根元に少量のパウダーをかけることを勧めています。長い髪は後ろでポニーテールか三つ編みに結び、その上にヘルメットをかぶりましょう。このような手入れがあまりいらないスタイルは、自転車用ヘルメットと相性がぴったり。着いたときにさっとブラシをかけるだけで大丈夫なはずです。

サイクリングとスキンケア

　定期的に運動を始めると、肌の状態が改善することに気づく人が大勢います。血行が良くなるおかげで、肌の色つやが良くなります。適度に汗をかくと、毛穴がきれいになって、肌に透明感が生まれます。

　サイクリングは屋外の運動で、肌には過酷かもしれないので、スキンケアは大切です。定期的に自転車に乗っていると、必然的に汗が増えるので、水をたくさん飲むようにしましょう。1日コップ8杯、運動している場合はそれ以上を心がけるように指導されています。これが少し画一的なアプローチに思えるなら、1日中、そばに水のボトルかコップを置いておけば、たくさん飲む習慣がつきやすいでしょう。目覚めたらすぐに大きなコップに1杯水を飲むようにして、気分を新たに1日の用意をしましょう。

顔

　SPF15以上の乳液を使い、肌がごく白い人や非常に暑い地域に住んでいる人は、もっと高いものを選びましょう。夏だけでなく1年中使うこと。外が寒いときも、顔は自然にさらされています。屋外の運動は肌を乾燥させる場合もあるので、肌がこわばって不快に感じ始めたら、自転車に乗ることがわかっている日には、濃い乳液を選びましょう。到着したら、いつでも顔を洗って、普段の乳液をつけ直すことができます。

　乾燥肌の人を中心に、定期的な屋外の運動のせいで頬が赤くなる人もいます。肌の色を中和するために、赤みを取る乳液を選びましょう。あるいは、頬紅を控えめにするだけでもOK！オイリー肌の人も乳液をサボらないこと。オイルフリーまたは皮脂をコントロールするタイプを選びましょう。

腕、脚、肩

　手足や肩を出して自転車で出かける前に、SPF15以上をたっぷり塗りましょう。自転車を走らせている間は涼しい風が起きるので、太陽の熱を感じることはないかもしれませんが、多くのサイクリストは、夏の太陽の下で長い時間サイクリングを楽しんだ後、肩がヒリヒリするほど日焼けした経験があります。走ったあとのシャワーに続いて、ボディローションかスキンローションで肌にうるおいを与えましょう。新鮮な空気は肌を乾燥させるおそれがあります。

手

　手袋をしていても、手に少し気配りが必要です。とくに手の甲などがひどく乾燥することがあるので、良質のハンドクリームで定期的に保湿しましょう。手袋をしていない場合、自転車に乗る前に防護クリームを塗ってください。

メイク

　できれば、自転車にはすっぴんで乗るほうがいいでしょう。呼吸するチャンスをあげると、肌は喜びます。自分を解放し、マスカラのにじみや口紅の塗り直しを気にしない自由を楽しみましょう。目的地に着いたら、顔のふき取りシートと軽い乳液でさっぱりしてから、普段のメイクをしましょう。自然の輝きを最大限に活用して、頬紅はひかえめに。

　とはいえ、誰もがすっぴんで出かけられるものでもありません。それに職場ではなく社交の場に自転車で出かける場合、メイク用のバッグを持ち歩きたくないこともあります。普段のファンデーションの代わりに、軽い色つき乳液をつけましょう。重いファンデーションやパウダーは毛穴をふさぎ、汗をかいたら顔全体が流れ落ちてしまいます。軽いものを選んだほうが、トップスに肌色の線が何本も入った状態で到着するリスクを負わずに、顔をカバーできます。

　同じ理由で、ウォータープルーフのマスカラを選びましょう。ドラマチックな陰影のある濃い縁取りの目にするのではなく、もっと軽いアイメイクにすること。過剰なメイクが目に流れ落ちているのは、決してカッコよくありません。

Cycling and me

「サイクリングには独自の文化があって、機能的でありながら、きれいな色や変わったスタイルのものを着ていると、おしゃれに見えるわね。スポーツでバカみたいに見えるのは、普通に見えるように頑張りすぎている時だけ。楽にかまえて、合ったものを着ましょう。でも、自分の色を身に着けたいわね。私が走るときに赤い口紅をつけることがあるのは、道路ですっぴんの顔を見られるのが心配だからではなくて、赤い口紅は私の一部であり、私のスタイルだから。それに自転車の乗り方に影響しないし。だからつけるの。まったくメイクをしないで乗る日もあるわ。気分次第ね」——ケイト、27歳

カッコよく自転車に乗るには　87

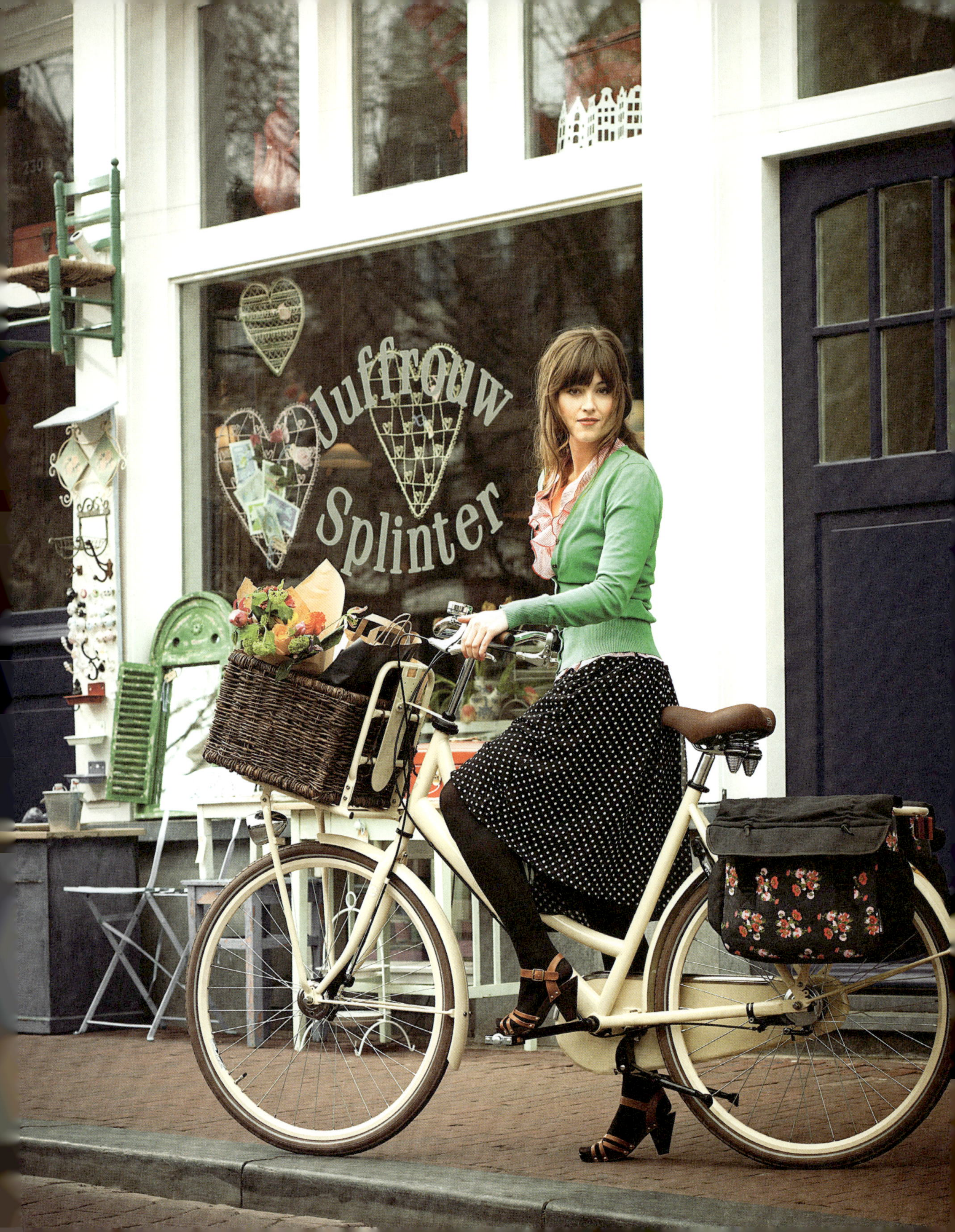
Juffrouw
Splinter

もし、身だしなみがきちんとしていないところを見られるのは、絶対にどうしても耐えられないなら…

結局、サイクリングがあなたの環境に溶け込まなくてはならないのであって、逆ではありません。ここまで読んで、汗をかくことはいいことだという励ましの言葉を理解しても、やはりまだ、つねに一番きれいな自分を見せることに関して妥協したくないと感じる人もいるでしょう。それはあなたの権利であり、さいわい、それでも自転車に乗り、つねに完璧な容姿でいることができます。その方法を話しましょう。

頑張らない

おとなしくペダルを踏むのでは、元気よく全力でやる時と同じ健康面でのメリットは得られません。しかし控えめな自転車走行でも、静かに歩くのと同じように、健康上のメリットは得られます。時間をかけ、あまり頑張りすぎなければ、結果的に汗をかくリスクは最小限に抑えられるはずです。

最後の1～2キロはスピードを落とす

ゆっくり自転車を走らせている場合でも、道のりの最後の1～2キロはさらにスピードを落とすと、どこから見ても涼しい顔で到着します。できるかぎり、やさしい風と慣性での走行を楽しみましょう。

荷物を軽く

自転車が重くなって、こぐのが大変になるのを避けるために、できるだけ荷物を減らしましょう。パニエ、カゴ、ハンドルバーバッグのような、自転車に取りつけるバッグを選ぶこと。背中がとても暑くなるリュックを避けることで、穏やかに涼しくいられます。

リフレッシュの用意をする

小さなヘアブラシと携帯用のデオドラント、汗拭きシート、軽い乳液、口紅、おしろい、アイシャドーを

バッグに入れておきましょう。そうすれば、走り終えた後に身だしなみを直さなくてはならなくても、つねに用意ができています。リフレッシュする時間が取れるように、目的地に10分早く着くよう計画しましょう。

自転車を選ぶ

ベストな選択はクラシックなショッパーです。乗りやすくて快適ですし、性能よりスタイル重視でつくられています。ハンドルバーのカゴ、華やかなサドルバッグ、あるいは奇抜なパニエで飾れば、自転車もバッグや靴やジュエリーと同じように、あなたの容姿の一部になります。

重ね着する

軽い重ね着で涼しさをキープしましょう。きれいな柄のドレスに、軽いメリノウールのカーディガンを組み合わせると、自然に汗が発散し、抗菌（つまり防臭）効果もあります。きれいに小さく折り畳める防水パーカーがあれば、突然のにわか雨に遭ったときに羽織れます。あるいは、防水ケープを探して昔風のスタイルを楽しみましょう。

ストラップつき

ハイヒールで自転車に乗りたければ、どうぞどうぞ！ただ、足が抜けてしまわないように、ストラップつきを選んでください。かかとが太いほうが細いものより乗りやすいですが、全速力で走りたいわけでなければ、本当のところどんな靴でも自転車に乗れます。長めに走る場合は、かわいいバレーシューズをはいて、ハイヒールはカゴに入れ、後ではき替えましょう。

見つけられるかぎり一番きれいなヘルメットを買う

なぜ1つでやめるの？ リバティー風の花柄、昔ながらのツイード、はやりのショッキングピンクなど、さまざまなブランドとデザインから選べるので、あらゆる服に合うヘルメットを手に入れられます。ニューヨークを拠点とする有名なファッション誌編集者でブロガーのリバティー・ロンドン・ガールは、最新のヘルメットデザイナー、サワコ・フルノの大ファンです。さまざまなすばらしいスタイルを求めて、バーン、ヤッカイ、ボビンもチェックしましょう。

左：ショッパーはおしゃれな女性にぴったりの自転車です。華やかなパニエや前のカゴがアクセサリー。あまり汗をかきたくなければ、落ち着いて行きましょう。

憧れのサイクリストたち

　サイクリングスタイルのお手本を探していますか？ 自転車への愛情からプロのサイクリストとして大成功を収めた、才気あふれる有能な女性たちこそ、あなたの探すべき人です。

ヴィクトリア・ペンドルトン

　自転車トラックレースの女王「VP」は、たくさんのオリンピックメダルと世界チャンピオンの称号を手にして、2012年のロンドン五輪後に引退しました。魅力的で、才気にあふれ、いじらしいほど傷つきやすい彼女は、プロの自転車競技の世界以外でもあこがれの存在になっています。その紛れもないスター性は1世代に1人のアスリートのものであり、競技場外の彼女のスタイルは、まさしくサイクル・シックそのものです。イギリスチームのユニフォームを着て自転車の上で身をかがめているときも、華やかな写真撮影のために着飾っているときも、同じように息をのむほど美しく見えます。

彼女のスタイル

　トラック上のVPは仕事一筋です。ライクラを採用し、ジムで鍛え上げたすばらしい体形を見事に生かしています。トレーニングウェアはシンプルで清潔感があります。白いタンクトップやレーサーバックとゆったりしたパーカーに、黒いスウェットパンツかサイクリングタイツを合わせます。ヴィクトリアにヘルメットヘアの心配は無用。長い髪を後ろで結んで、斬新なヘルメットをかぶっています。

　競技場を離れた場所では、VPはヴィンテージ服を工夫して着こなしています。ウエストを絞ったゆったりしたスカートのエレガントなドレス、自前の淡いブルーのショッパーに、特大のサングラスという彼女のスタイルを盗みましょう。アクセサリーは豊かな髪と満面の笑み。

クリスティン・アームストロング

　自転車界のファーストレディーは、母親業と輝かしいロードレースの経歴を両立させています。自転車用のフル装備で世界と戦っているとき以外、クリスティンは究極のすてきなママです。シンプルなセパレーツに、金色に輝くハチミツ色のブロンドヘアを想像して。

彼女のスタイル

　クリスティンのように、国旗をイメージしたタンクトップ、レーサーバック、Tシャツでトレーニングしましょう。日に焼けた引き締まった脚を短いショートパンツから出す、さわやかでシンプルで自然なスタイルです。

　オフの時のスタイルをまねるには、パステルカラーのVネックシャツに、スキニージーンズか無彩色のスリムなパンツを合わせます。つややかで軽快な髪とごく薄いメイクで、いかにもアメリカ的なサッカーママになりましょう。

ローラ・トロット

　ヴィクトリア・ベンドルトンが競輪場のクイーンなら、ローラ・トロットはプリンセスです。この才気あふれる新進気鋭の若いサイクリストは、2012年ロンドン五輪で金メダルを獲得したイギリス団体追い抜きチームの一員だったうえ、オムニアムで個人として金メダルを手にしました。しかも弱冠20歳で！

　ローラがきっかけで、2012年五輪の時に国旗をイメージしたネールアートが流行し始め、彼女のトレードマークであるブロンドの三つ編みは、すでにあこがれの的になりつつあります。

左と下:クリスティン・アームストロング(左)と華やかなイギリスの女子チーム(下)は、サイクリングスタイルの究極のお手本です。

　今や大きな期待が彼女の肩に乗っており、彼女の潜在能力は盛んに評価され、議論されています。この小柄なスーパースターを見かける機会は増えるでしょう。ローラはタフでありながら同じくらい虚弱です。彼女の病との闘いは十分に報道されており、彼女は身体的な逆境（生まれつき肺虚脱）が必ずしも成功への障壁ではないことを示す生き証人なのです。

彼女のスタイル

　トラック上で見られるローラの健康的なスタイルには、彼女の三つ編み好きによる独自のひねりが効いています。その三つ編みは、機能性を重視してサ

上： 金メダルを獲得したイギリス女子チームの一員、ジョアンナ・ロスウェルは、ポジティブな自己イメージのシンボルです。

イクリング中は二つ折りにして押さえています。競技場の外では、スキニージーンズかクロップトパンツ、シンプルなベストとTシャツに仕立てのいいブレザーを合わせた、プレッピーなきちんとしたファッションです。誰よりもカッコよく短い黒のドレスを着こなすこともできて、ファッションで遊ぶのが好きです。オリンピックの後、彼女とイギリスチームの仲間が雑誌の撮影のためにガールズバンドのスパイス・ガールズの格好をした時、ローラはエマ・バントン、またの名を「ベイビー・スパイス」をまねた子ども服のスタイルを選んでいます。

ダニー・キング

　才気あふれる若きイギリス人サイクリスト、ダニー・キングも、2012年ロンドン五輪で世界記録をたたき出して金メダルに輝いた、団体追い抜きのイギリスチームの一員でした。オリンピック前にはほとんど無名だったダニーは、選手生命の危機にもなりかねなかった腺熱を克服し、今やサイクリングに関心のある人全員に確実に注目されています。まだ21歳なので、彼女の将来は光り輝いて見えます。ダニーは生来の天才アスリートで、走りも泳ぎも全国レベルでしたが、15歳で自転車競技を志しました。後は知ってのとおりです。

　とても魅力的なダニーは、短いストンとしたドレスを着て街にいるところを写真に撮られていて、美しいアスリート体形と、長くつややかな黒髪、そしてすてきな笑顔が、シンプルでクラシックな服装によく似合っています。しかし、サイクリングに関する究極のお手本は、ダニーがイギリスチームのユニフォームで盛り上がっている写真です。その写真から、全身ライクラを着ながら、それでもすてきに見えることは可能だとわかります。

彼女のスタイル

　シンプルですっきりしたラインは、ダニーのようなアスリート体形にぴったりです。悩殺的な脚をショートスカートから出す一方、上品さを保つため襟ぐりは高く控えめにします。それでもなければ、サイクリングから直接トレーニングウェアでパーティーに行きましょう！

ジョアンナ・ロスウェル

　金メダルを獲得した団体追い抜きチームの三人目にして心臓部であるジョアンナも、ヘルメットを脱いだときが一番目立ちます。彼女は幼いときに脱毛症にかかり、長いとび色の髪が抜け落ちてしまいました。目

覚ましいサイクリングの能力で自信をつけ、2012年のロンドン五輪で、髪がほとんどない頭をヘルメットやウィッグで隠さずに表彰台に上がると決めた時、彼女は1つの象徴的イメージをつくり出したのです。成功するための意欲と決意を与えてくれたのは脱毛症だと彼女は言います。ヘルメットの下は自然のままで自転車に乗ることにしていますが、トラックの外にいる時、気分と全身のファッションに合わせて選べるウィッグをそろえています。

彼女のスタイル

　スポーティーなジョーはたいていトレーニングウェアとトラックスーツ姿です。オフの時には、明るく大胆な色の楽しくて思わせぶりでガーリーなドレスと、魅惑的な容姿に合ったウィッグが好みです。肯定的自己イメージのまさにシンボルであるジョーは、脱毛症の女の子たちに、自分を受け入れ、ありのままの自分を愛するよう、元気づけたいと言っています。

サラ・ストーリー

　イギリスの誇るパラリンピック・メダリスト、伝説のサラ・ストーリーは、ひたむきにメダルを取りに行きます。彼女は水泳と自転車競技の両方で最高記録をたたき出し、2012年のロンドンではオリンピックチームにもう少しで選ばれるところでした。生まれつき左手が不自由ですが、健常者アスリートをもしのぎ、コモンウェルス競技会でイングランド代表として戦った初の障がい者サイクリストです。トラックの外では、クラシックでエレガントなファッションを好み、カレン・ミレンがお気に入りのブランドだそうです。

彼女のスタイル

　クラシックな上品さは決して流行遅れになりません。34歳のサラは大人の魅力を醸しだし、美しいアクセサリーや靴やバッグに目がありません。清潔感のあるメイクと高級感が相まって、ハリウッドはサラの魅力的でセクシーなスタイルを手招きしています。

　ここに挙げた女性たち全員が証明しているのは、サイクリングのスタイルは、何を着て、どういう髪形にするかだけではない、ということです。サイクリングは彼女たち全員に、自分と闘い逆境を克服する自信を与えています。女性らしさを損なわずに、可能なかぎり最高の自分になるための力を与えています。サイクリングのおかげで彼女たちは、自分に正直でありながら、成功することができました。

　感性豊かなヴィクトリア・ペンドルトンは、レース後の涙で有名です。勝った時は幸せの涙、そうでない時は悲しみの涙。彼女を見ていると、精神的にとてもタフな人たちも、自分の弱い感情的な面を受け入れ、しかも世界最強でいられることがわかります。サラ・ストーリーは、体の障がいを克服することは可能であり、才能は障がい者を差別しないことを証明しています。ジョー・ロスウェルは、美しさはさまざまな形で表れる可能性があることを証明し、彼女の強さと紛れもない美しさは、人が直面する最大の障壁は自分自身についての感じ方なのだと語っています。

Cycling and me

「オリンピックでいろんな影響を受けたと思う。ロードレースのリジー・アーミステッドやエマ・プーリー、そしてトラックレースのヴィクトリア・ペンドルトンやローラ・トロットを見ていたら、サイクリングや女子アスリートに対する考え方が変わったの。尊敬するべき女性がフィットネスやスポーツの世界にいるのは本当に新鮮。27歳になってもやはり私にはロールモデルが必要だけど、20歳の人気スターよりも、32歳のペンドルトンのようなオリンピックチャンピオンを見習いたいわ。もっと大勢の女子アスリートが注目されてほしいと思う。若い女性がサイクリングやスポーツを趣味と考えるようになるのに必要だからね。健康はとても大切だし、若い女性がダイエットと美容だけでなく、スポーツと健康の視点からも自分の体を知ることは、社会の現状を変えるのに役立つと思うの」——ケイト、27歳

サイクリングと妊娠

厳密にはファッションと関係ないのですが、とても女性的な問題です。赤ちゃんが生まれる予定がある場合、自転車に乗るライフスタイルを続けるのは安全でしょうか？

この質問に単純な答えはありません。リスクに関して、あなたが個人的に何を許せると考えるかに、大きく左右されるからです。体のことを言えば、体力を奪うような病気を抱えているのでないかぎり、妊娠中の運動は積極的に奨励されます。必ず最初に医師の診断を受けましょう。しかし、あなたが健康で、潜在的な病気を持っていないのであれば、医師はあなたがサイクリングを続けることを喜ぶはずです。

実際、サイクリングのような運動は、妊婦にとってとても大きなメリットになりえます。体が出産に必要な準備をするのに役立つのです。便秘、静脈瘤、血行の問題、そして腰痛など、もっと目立つ妊娠の悪影響も和らげてくれます。妊娠中のサイクリングに伴う大きな問題は、事故に遭うリスクです。

サイクリングを続けるかどうか、どの程度続けるかに関しては、完全に個人が決めることです。いつもどおり続けたい人もいれば、静かな道路や幹線ではない小道に限定したい人、あるいはきっぱりやめたい人もいるかもしれません。

妊娠中もサイクリングを続けることに決めた場合、おなかが大きくなり始めると、バランスを失いやすくなるかもしれないことに注意してください。あなたの体はそれだけの重さが1カ所に集まることに慣れていません。大きくなるにつれ、サドルとハンドルバーの位置を調整する必要があるかもしれません。妊娠後期に楽しく自転車を走らせているかもしれないし、バランスが悪くて不安になるかもしれません。先ほど言ったように個人の自由ですから、自分に合っていると思うことをやりましょう。

妊娠中は疲れやすく感じる場合があるので、余計に時間の余裕を持って、限界まで無理をしないこと。必要に応じて止まって燃料補給ができるように、つねにおやつと飲み物をバッグに入れておきましょう。妊娠中は、サイクリングに対してどんなに情熱を感じていても、体がスピードを落としてとか止まってと言い始めたら、その声に耳を傾けて。

出産後のサイクリングは、体を元に戻し、人に頼りがちの状態から自立をいくらか取り戻すために、うってつけの方法です。とはいえ、完全に体が回復するまではサドルに乗らないこと。出産はあなたの体にとって大変な経験ですから、ほんの2～3日で気分がよくなっても、医師からサイクリングを再開していいというお墨付きが出るまで待ちましょう。それが出るのはたいてい産後6週の健診の時で、すべてが順調なら、医師は運動を再開する許可を出せるはずです。ウォーキング、水泳、ヨーガのように、影響がかなり小さい運動もあるので、必ず具体的に自転車に乗っていいかどうかを医師に聞きましょう。縫合や帝王切開を受けた場合には、もう少し長く待つ必要があるかもしれません。辛抱しましょう。手術や縫合を受けなくてはならなかった場合、いずれにしても、ゆうに2～3カ月は痛くて自転車に乗ることなど考えられないかもしれません。

久しぶりにサドルに乗るときはゆっくり始めて、決して無理をしないこと。妊娠中に増えた体重を落とす時間はたっぷりあります。

赤ちゃんと一緒に自転車に乗りたければ、自転車に取りつけるために特別にデザインされたシートが売られています。年齢のガイドラインに注意し、医師か訪問看護師と話し合いましょう。生まれたばかりの赤ちゃんはとても弱く、赤ちゃんが身体的に耐えられるくらい強くなるまでは、その大切な荷物を揺さぶりたくはないですよね。

右:サイクリングは妊娠中も運動を続けるいい方法ですが、必ず最初に医師に相談しましょう。

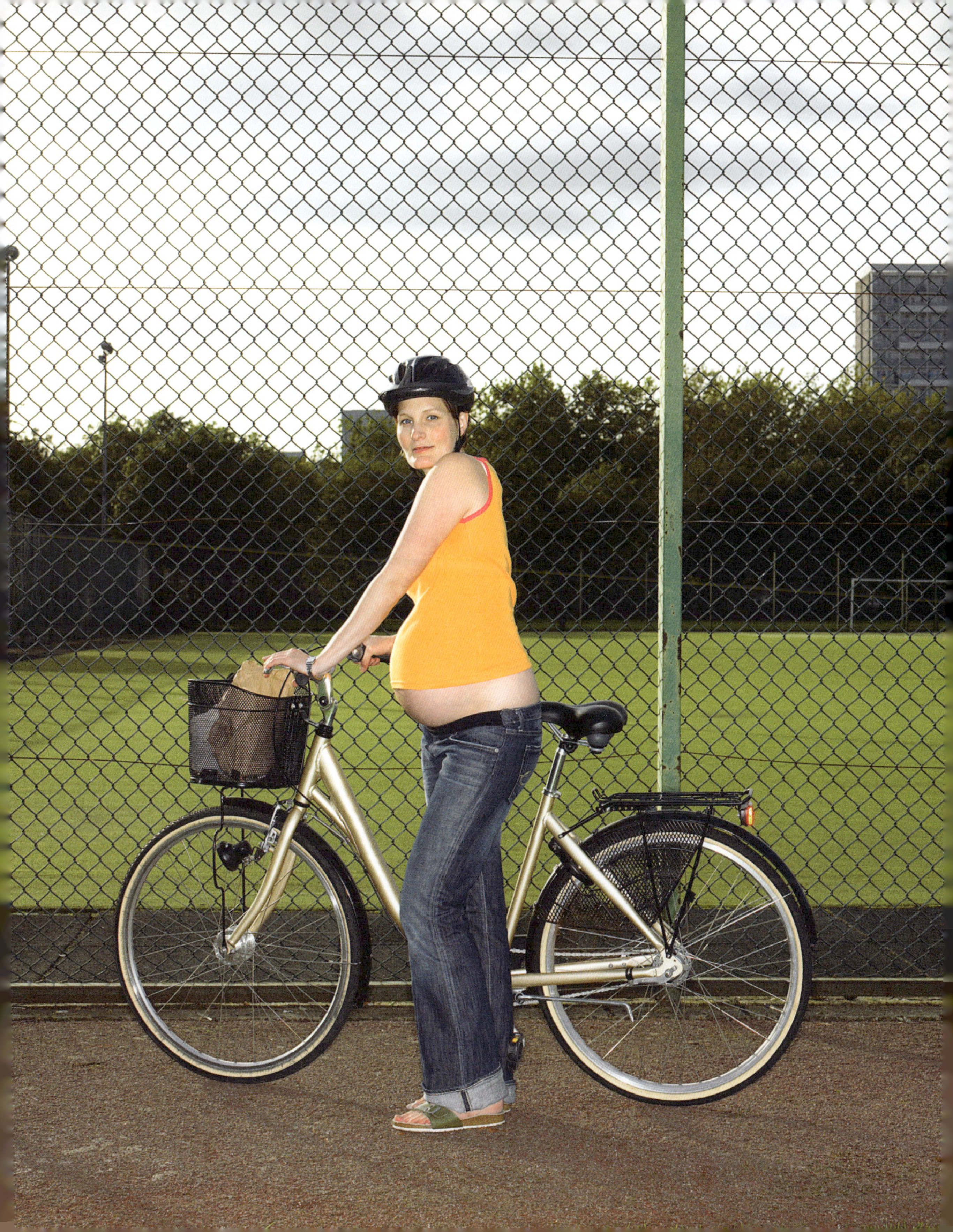

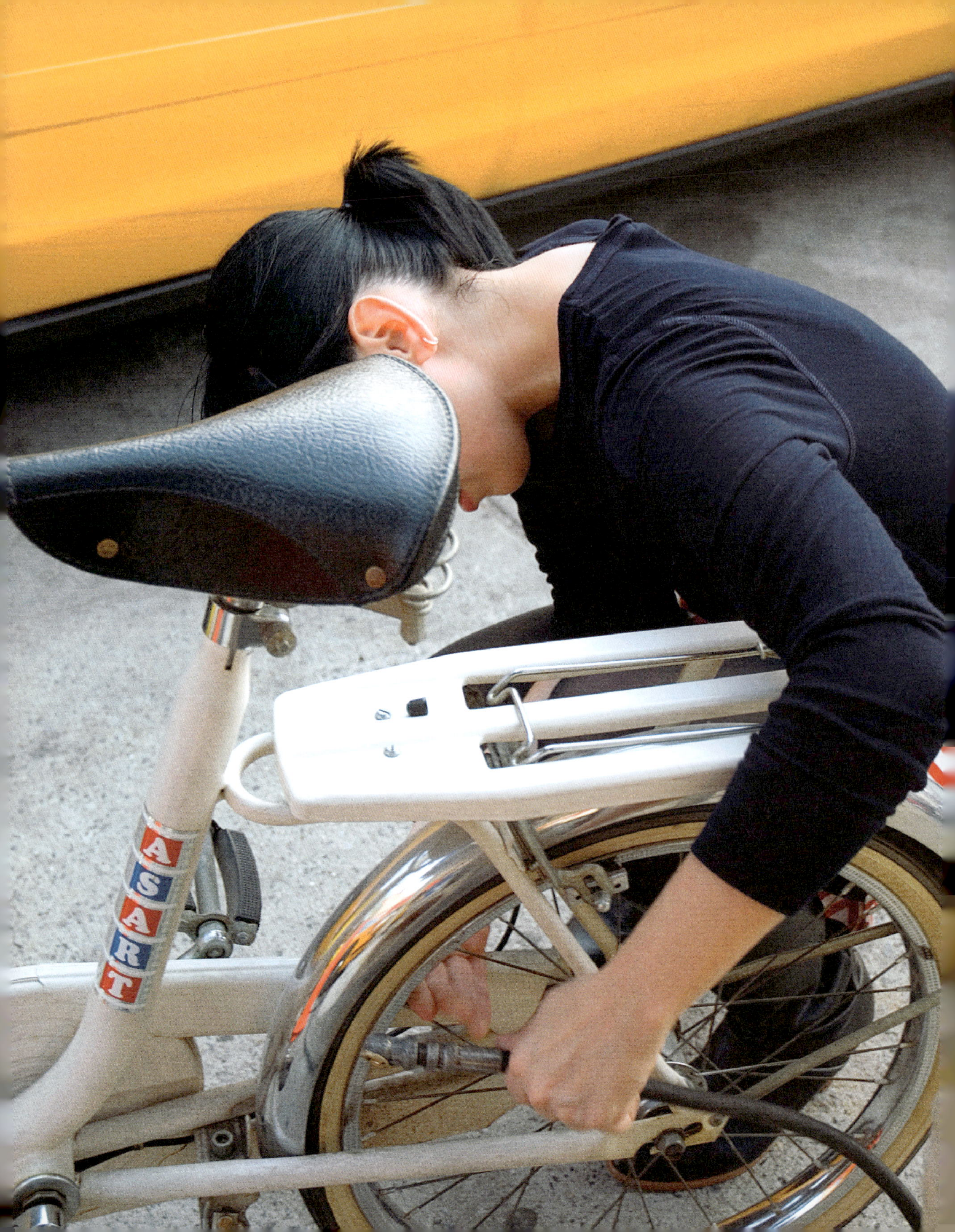
ASART

第6章　自分で出来る
　　　　メンテナンス

keeping 6
your
bike
healthy

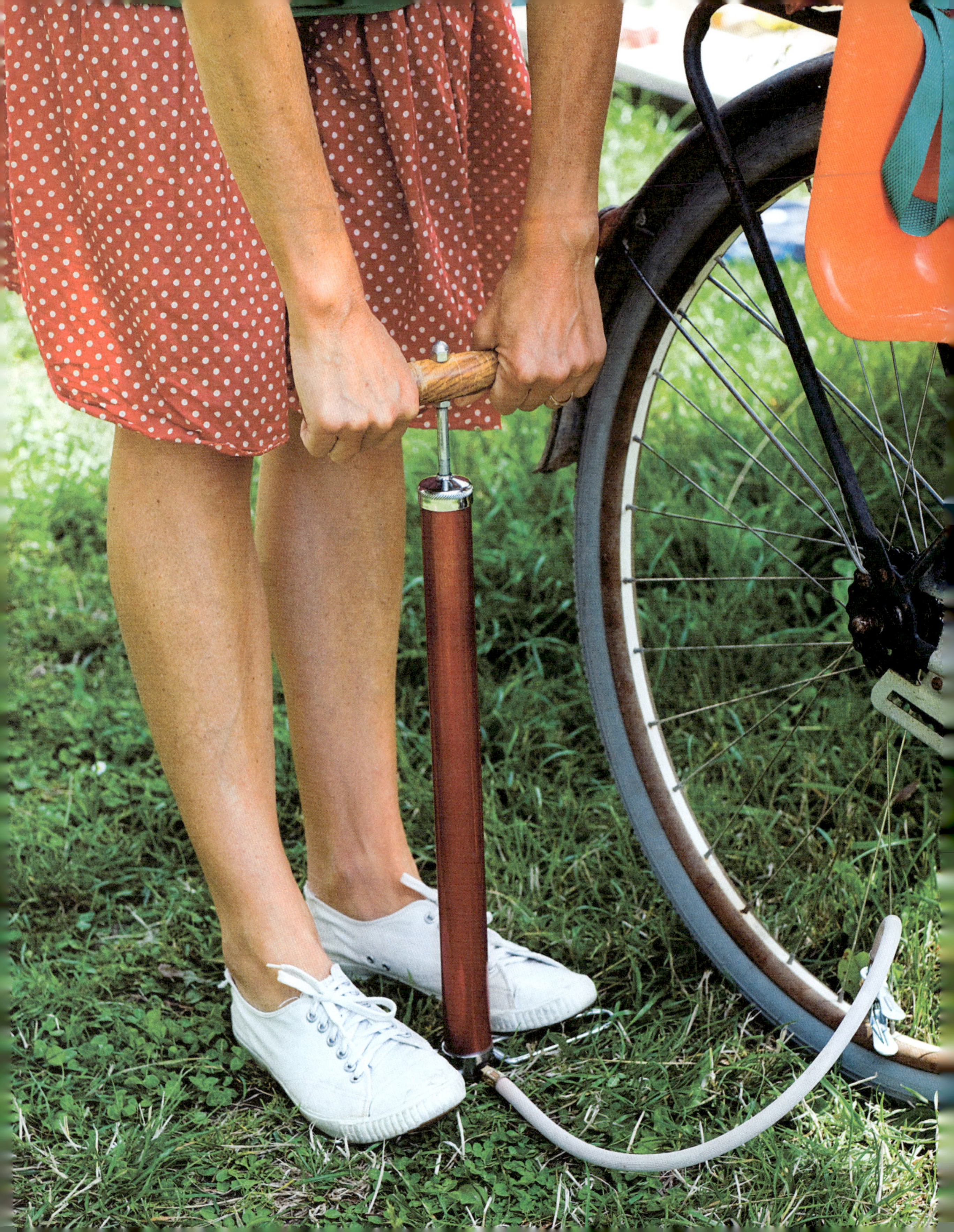

あなたの自転車を愛して大切に扱ってあげれば、心地よいサイクリングを味わうことができます。

　サイクリングの経済的側面が、メンテナンスを考えたときに本領を発揮します。それほど不運でなければ、予備のパーツと自転車店での点検にお金を払えばすむはずです。

　この章では、自転車の点検、洗浄、パンク修理など、自分でできる基本的なメンテナンスを見ていきます。内部のメカまで楽しく吸収できるなら、自転車のメンテナンスについてもっと学べる本やビデオや情報源があります。巻末のリストを見れば正しい方向がわかるでしょう。

　本章のアドバイスや情報はすべて、ごく普通の自転車に楽しみで乗る人に当てはまることです。とても高価なプロ用の自転車には、もっと専門的なプロの維持管理が必要です。夢のマシンの力を最大限に引き出す方法を学ぶために、自転車メンテナンスの講座を取ることをお勧めします。

欠かせない商売道具

　きちんと自転車の手入れをするには、こまごましたものがいくつか必要です。次に挙げるものはすべて、自転車店でかなり安く買えます。

自転車用スパナ

　ホイールとサドルが簡単に着脱できるクイックリリース機構になっていない自転車なら、ホイールとサドルを固定しているナットに合うスパナが必要です。自転車専用スパナを選びましょう。いくつかサイズの違う穴があるので、自転車についているすべてのナットとボルトに合うはずです。

アレンキー

　L字型の金属棒で、自転車についているビスの六角形に合うようになっています。気のきいた自転車店なら自転車に合うアレンキーを売っています。

タイヤレバー

　インナーチューブを交換するときには、適切なタイヤレバーを使ってタイヤを外しましょう。プラスチック、ナイロン、または金属のレバーが売られています。パンク修理キットに付属品として入っている場合もあります。娯楽サイクリング用には、プラスチック製で十分のはずです。タイヤを外すとき（p108～109参照）しょっちゅうレバーが壊れるようであれば、代わりに金属製を使いましょう。ただし、ホイールリムやインナーチューブを傷つけないように、よく注意してください。

空気入れ

　空気入れはいくつ買っても多すぎることはないので、2つ以上は買いましょう。1つは自宅用にして、1つは自転車用バッグに入れておきます。基本的な手押しのものから最新式モデル、さらには足で操作するプロ用のものまで、あらゆる種類が手に入ります。タイヤに空気を送り込めるのであれば、それで十分です。タイヤを膨らませるための缶入り圧縮空気も売られていますが、必需品ではありません。空気入れで十分用が足ります。

予備のインナーチューブ

　予備を2つ買って、1つは自宅に、1つはバッグに入れておきましょう。1つを使ったらすぐに補充すること。そうすれば絶対に不意打ちを食らうことはありません。

パンク修理キット

　パッチ、接着剤、チョークなど、パンクを直すために必要なものがすべて入った手ごろな小さいキット。とても安くて小さいので、気軽に1つ持ち歩けます。

チェーン用潤滑剤

　自転車のチェーンがきちんと動き続けるようにするには、きれいな状態を保ち、十分に注油しておかなくてはなりません。プロ用のチェーン潤滑剤も売られていますが、ごく一般的なオイルより値が張る傾向にあります。この専用混合剤はチェーンをきれいな申し分ない状態に保つのに役立ちます。趣味の

サイクリングには、基本的な自転車用オイルで十分です。

洗浄用具

さまざまな高性能の自転車用洗浄剤、油汚れを落とすデグリーザー、洗浄用具が出回っています。趣味のサイクリストとしては、本当に望むのでなければ、大金を注ぎ込む必要はありません。スポンジと基本的な自転車用洗剤で間に合います。チェーンを徹底的にきれいにするには小さいブラシが必要で、1本買ってもいいですが、古い歯ブラシでも OK。

自転車メンテナンスのカレンダー

原則として、自転車は使えば使うほど手入れが必要になります。定期的に数分かけて点検し、薄汚く見えるようになってきたらきちんと掃除をすると、順調に動く状態を保てますし、問題やトラブルを深刻になる前に見つけられます。

自転車の点検

最低1カ月に1回、定期的に乗る場合やかなりの距離を走る場合にはもっと頻繁に、徹底して点検しましょう。前から始めて、後方へと作業を進めます。

前輪とブレーキ

前輪から始めましょう。タイヤは硬く、十分空気が入っていることを確認します。柔らかくて空気の抜けたタイヤだと、こぎにくくてつらいだけでなく、パンクやホイール損傷のリスクが高まります。タイヤを親指でしっかり押します。少しでもへこむようではだめで、岩のように硬く感じる必要があります。柔らかさや弾力があってはいけません。タイヤに少しでも弾力性を感じたら、空気を入れましょう。

次に自転車の前部を地面から持ち上げ、前輪を回します。楽に回り、ブレーキパッドで引っかからないことを確認しましょう。リムの損傷やタイヤの摩耗を探します。タイヤに筋が何本も入っているのが見つかったら、交換するタイミングです。

ホイールをそっと揺らして、しっかり固定されていることを確認しましょう。必要なら締め具を締めつけます。ホイールを回してブレーキをかけます。ブレーキは軽〜中程度の圧力をかければすぐにホイールの回転を止めるはずです。ブレーキのある程度の摩耗は避けられませんが、ホイールを止めるために全力をかける必要があるのは緩すぎるので、締めつけるかブレーキパッドを交換しましょう。

前輪のブレーキパッドが均等で、あまりすり切れていないことを確認しましょう。ある程度の摩耗は許せますが、ホイールのリムに完全に接触できないほどの摩耗はだめです。前輪ブレーキのケーブルにほつれの兆候がないことを確認します。

ハンドルバー

自転車の前に向かい合せに立って、前輪を脚の間にしっかりはさみます。ハンドルバーをそっと揺らしましょう。しっかり固定されていて、ねじれたり回転したりしないことを確認します。ハンドルバーが緩い場合、ハンドル操作に支障をきたすおそれがあります（ハンドルバーの締め方は p111 を参照）。

フレーム

自転車のフレーム全体に目を走らせましょう。ひびやさびを探します。フレームのひびやひどいさびは深刻な損傷の兆候かもしれないので、すぐに見つけなくてはなりません。フレームをチェックするとき自転車がきれいだと楽です。

ペダル

ペダルは自由に回転し、しっかり固定されていなくてはなりません。自転車の後部を持ち上げてペダルを回し、スムーズに回ることを確認しましょう。そっと揺らして、緩んでいないことを確認します。曲がったり傷ついたりしたペダルは、修理工場か近所の自転車店で修理または交換する必要があります。

チェーン

ペダルを回し、チェーンがハブに沿って動くのを観察しましょう。自由に静かに動かなくてはなりません。カタカタ音、滑り、きしみは問題の兆候かもしれないので、自転車店に持ち込むのがいいでしょう。チェーンのメンテナンスに関するアドバイスは p104〜105 を参照。

ギア

ギアつきの自転車なら、ギアハブとディレーラーのさびや傷を探しましょう。すべてがきれいで、スムーズに動き、不吉なカタカタ音やキーキー音がないことを確認します。滑るギアはすぐプロに見てもらう必要があります。

サドル

サドルを強くひねってみます。しっかり固定されていて、動かない状態でなくてはなりません。左か右にねじれる場合、サドルを固定している締め具を締める必要があります（p111 参照）。

後輪とブレーキ

前をチェックしたのとまったく同じ方法で、後ろのタイヤ、ホイール、ブレーキ、ブレーキケーブルを点検しましょう。

ライト

ライトがすべての設定できちんと点くことを確認しましょう。暗くなってきたり、点滅のパターンが不安定になったりしたら、すぐにバッテリーを交換します。

自転車を洗う

少なくとも月1回は自転車を徹底的にきれいにしてあげましょう。先ほどの点検と一緒にやれば、メンテナンスと洗浄を1度に終らせられます。自転車をきれいにしておくことが重要な理由はいくつかあります。第1に、いつもカッコよく見えます。これは単に表面的な問題ではありません。自転車がすてきに見えてうれしい気持ちになれば、あなたはもっと頻繁に使い、もっとよく手入れをし、もっと誇りに思うでしょう。

第2に、自転車をきれいにしておくとスムーズに走るだけでなく、寿命も延びるのです。湿ったまま汚れた状態で放っておかれると、自転車はすぐにさびて、いったんさびが入り込んだ自転車には、さよならすることになります。とくに汚れたチェーンはさびたり、カタカタ鳴ったり、ひびが入ったり、壊れたり、一般的に果てしなく問題を引き起こす傾向があります。薄汚れた反射板とライトはきちんと機能せず、あなたを危険にさらすおそれがあります。

ここで言い訳はなし！ 庭やホースが利用できないなら、歩道か近所の公園に持って行って、スポンジとバケツを使って洗いましょう。ガレージに運んで、高圧洗浄機でさっと流すだけでも、何もしないよりましです。

適切な自転車用洗剤や自転車用クリーナー、あるいは車用シャンプーを使うのがベストですが、少しでも節約したい場合は食器用洗剤でも間に合います。もっと高度な自転車用クリーナーのようにフレームを保護せず、きつすぎて研磨剤が入っている可能性もあるので、理想的ではありません。食器用洗剤や一般的な洗剤には、塩が大量に入っている可能性もあり、きちんとすすがないと、さびにつながるおそれがあります。自転車にうるさい人たちは、私が食器用洗剤を勧めているのを聞いてびっくりするでしょうが、それでも薄汚い自転車よりはましです。

プロのやり方で自転車を洗う

まず、デグリーザーを吹きかけ、30秒間、あるいは製品の使用説明書どおりの時間、放置します。柔らかいブラシを使って、とくに頑固な汚れをこすります。その後よくすすぎます。

次に、自転車または車用のシャンプーをぬるま湯で薄めたもので、自転車全体を洗いましょう。柔らかい布か、プロ用自転車ブラシを使って、残っている汚れをすべてこすり落とします。できればぬるま湯を使って、十分にすすぎましょう。セーム革か柔らかい乾いた布で磨きます。

最後に、チェーンをきれいにしましょう。チェーン全体を外し、揮発油か専用チェーンクリーナーに浸します。ギアハブとディレーラーをデグリーザーで洗い、専用ブラシか歯ブラシを使って、歯をひとつ残らずきれいにします。チェーンの浸け置きが終わったら、十分にすすぎ、吊るして乾かします。完全に乾いたことを確認してから、油を差して取りつけます。

女性用ガイドのやり方で自転車を洗う

上の項目を読んで「うわっ、おおごとみたい」と思います？　ええ、私も思います。毎月自転車を洗うなら、プロ基準の念入りな洗浄は必要ありません。泥と水と砂の中を走る本格的なオフロードはともかく、気晴らしで自転車を走らせ、おもに道路と自転車道を使っているのであれば、おそらくそれほど汚れないでしょう。

バケツに張ったぬるま湯で、自転車か車用シャンプー、または食器用洗剤を薄めて、丁寧に自転車を洗いましょう。布か柔らかいブラシを使って、とくに頑固な汚れをこすり落とします。チェーンとギアハブを洗うのには古い歯ブラシで十分です。ホイールは小さいスポンジかブラシを使ってスポークの間の油脂汚れを完全に落とし、きちんと洗いましょう。反射板とライトの掃除も忘れないで。そして、すべてをよくすすぎ、古いタオルか柔らかい布で拭きます。ほーら、ピカピカの自転車の出来上がり！

自転車を洗って乾かしたら、チェーンに油を差し（p104〜105参照）、すべて完了です。チェーンを扱うときは、たまに落ちる滴を受けるために、下に新聞紙を敷くのを忘れないで。

たまたま泥やぬかるみを通ってしまった場合、自転車を軽く洗うか拭いておいたほうが、後が楽です。しっかり乾かして――そのまま滴らせておかないこと。

アフターサービス

自転車店や修理工場は、単純なブレーキやギアやケーブルの点検から、徹底した分解修理まで、さまざまなアフターサービスを提供しています。アフターサービスは自転車をきちんと動く状態に保ち、問題に対処するためには必須です。最低限1年に1度は自転車を持ち込んで、基本的なサービスを受けましょう。定期的に乗っている、または長距離を走っている、あるいはぜひとも良い状態を保ちたい高価な自転車を持っている場合、もっと頻繁に、もっと徹底的に、アフターサービスを受けましょう。それに加えて、タイヤやブレーキパッドの摩耗、ケーブルの緩みやほつれ、ホイールの損傷、カタカタなどの異音、ギアの滑り、あるいは何か一般的におかしい兆候に気づいたらすぐ、自転車を持ち込みましょう。どんな緊急修理でも、自転車店は最初に頼るべき場所です。

自転車の寿命

適切なケアとメンテナンスをすれば、自転車の寿命は延びますが、永遠に持つものはありません。あなたの自転車がどれだけ長く持つかは、走らせる頻度、距離、アフターサービスと修理の頻度、走る場所の地形、そもそもの自転車の品質に左右されます。良質の自転車は何年も快適に走ります。多くのパーツは交換や修理が可能です。しかし自転車が年をとるにつれて、うまく走る状態を保つために必要な修理と交換が増えていくでしょう。

経済的な話をすると、新品の自転車を買うのにかかるよりも多くのお金を、1年の修理とメンテナンスに費やすことになるに至ったら、おそらく年取った働き者を新しいモデルに取り替えることを考えるべき時です。古いくたびれた自転車は、どこかのパーツが抜け落ちていたり、固定具や締め具が摩耗して緩くなり始めていたりすると、あなたの安全を脅かすおそれがあります。自転車店または修理工場のアドバイスを聞きましょう。あなたの自転車は安全でないと言われたら、さよならする時です。

定期的に点検し、きれいな状態に保ち、つねにチェーンに油を差し、タイヤに空気を入れているなら、メカの問題は最小限のはずです。最もよくある問題はパンクで、それには自分で対応できます（p107〜110参照）。参照ページの説明と図を見れば、やり方がわかります。とはいえ、最初にほかの誰かがやるのを実際に見るに越したことはありません。近所の自転車店に実演の有無を問い合せるか、自転車メンテナンスの講座を探すか、自転車に乗る友人に基本を教えてと頼むか、インターネットで無料の修理映像を検索しましょう。

右：タイヤがさびてチェーンが汚れて乾いているということは、きちんと洗って注油すべき時だということです。

チェーンのメンテナンス

チェーンは自転車のかなめです。自転車のチェーンは強くて、大きな圧力にも耐えられますが、ちょっとした手入れが必要です。

定期的に油を差すとスムーズに動く状態を保てます。自転車専用の潤滑剤か油を定期的に与えないと、チェーンは干からびて、さびつき、やがて切れるかもしれません。

チェーンの注油には、チェーン用の潤滑剤かオイルが必要です。屋内で作業をする場合、滴を受けるための新聞紙か古布の上に自転車を置くことで、カーペットや床を保護しましょう。

1 自転車を逆さまにするほうが、作業がやりやすいと思います。自転車を傷つけない、草地のような柔らかな地面を探しましょう。家の中なら、マットか古い敷物のうえに新聞紙を敷きます。ベル、ライト、反射板をハンドルバーより低く下げます。そして自転車を持ち上げ、ひっくり返します。

2 チェーンと前のギアに潤滑剤を差します。チェーンに差すには、ボトルのノズルをチェーンに当て、1つの輪が次の輪につながるポイントにオイルの滴をそっと絞り出します。ボトルを動かさないようにして、ペダルを反対の手でゆっくり回し、チェーンを動かします。

3 後ろのギアハブには十分に注意しましょう。ここはチェーンが一番激しく動くところで、ギアが多ければ多いほど、ハブが上下に激しく動きます。チェーン本体だけでなくハブにも十分油を差すこと。内装ギアの自転車の場合、自転車店に最善の注油方法を聞きましょう。

5 たとえば後輪タイヤのインナーチューブを交換するときのように（p108参照）、チェーンを後ろのハブから外す必要がある場合、まず最低速ギアに入れて、チェーンを後ろのハブの端にできるだけ近づけます。ディレーラーをそっと前に押して、チェーンをハブから外します。

4 ディレーラーはギアとギアの間にあって自転車を動かすもので、いくつか動くパーツがあります。きれいな状態に保つために、慎重に油を差してください。ギアを切り替え、数回ペダルを回して、オイルが均等になるようにしましょう。

6 メンテナンスのあとにチェーンを戻す場合、あるいはサイクリング中にチェーンがギアハブから外れてしまった場合、持ち上げてハブの上に戻せばOKです。そしてペダルを手で2回転ほど回して、パーツがスムーズに動くようにします。

自分で出来るメンテナンス　　105

タイヤ

　頭のいい男性か女性（私は女性に賭けます）がパンクを完璧に回避する方法を発明する日が来たら、このうえなく幸せでしょう。パンクはサイクリストが遭遇するトラブルの中では群を抜いてよくあることで、正直言って面倒です。しかも私は昔からパンクに続けて遭遇します——ずいぶん長い間起こらないのに、そのあと1週間に3回起こるのです。パンクを完全に避けることはできませんが、リスクを最小限にすることは可能です。

避ける

　明らかにパンクの原因になりそうなものには近づかないこと。よくあるパンクの原因は、道路に落ちている釘やガラスのかけらなど、鋭いものやとがったものです。こういう不吉なものは道路の脇に集まる傾向があり、そこはたいていサイクリストが走る場所です。このこともあるので、自転車を走らせる時は自信を持って、道路の分け前を要求し、排水溝と距離を置くべきなのです。

適切な自転車を選ぶ

　未舗装の道では、たくさんのとがった小さいとげや小枝が、あなたのインナーチューブに埋まろうと待ち構えているかもしれません。段差や起伏があるでこぼこの田舎道をたくさん走る場合、細くて滑らかなタイヤのロードバイクよりパンクに強い、太くて頑丈なタイヤのマウンテンバイクかハイブリッドを選びましょう。

空気を入れておく

　タイヤにきちんと正しく空気を入れておいて、定期的に摩耗の兆候をチェックしましょう。タイヤが摩耗していると、インナーチューブを防護する力が弱くなり、パンクしやすくなります。溝に埋まっているかもしれないガラスのかけらやとがったもの、鋭いものを定期的にチェックしましょう。

タイヤをアップグレードする

　パンクに強いタイヤへのアップグレードを検討しましょう。気のきいた自転車店ならどこでも扱っています。初心者レベルの自転車はたいてい標準装備になっ

パンクは移動中に遭遇する可能性が高いですから、自分で修理することを覚えるべきです。

ていません。新しいタイヤは予算外なら、パンクに強いタイヤライナーを試してみて。

シーラント剤を使う

　インナーチューブ用のシーラント剤や、すでにシーラント剤が入っているタイヤも売られています。完全にパンクを防ぐわけではありませんが、小さい穴が開いた場合、シーラント剤が内側から穴をふさいで、パンクをうまく「直す」ことができます。

　パンクに見舞われたことがわかったとき、選択肢は2つ。すぐその場でパンクを修理してみるか、単純にインナーチューブを新しいものと交換するか。急いでいる場合は後者を選択して、古いチューブを家に持ち帰り、都合のいい時に直すこともできます。

インナーチューブを交換する

インナーチューブの交換に必要なのは、新しいインナーチューブ、タイヤレバー、空気入れ、そしてクイックリリース機構のホイール（右を参照）でなければ自転車用スパナです。

一般的に、パンクに襲われる時はおそらく走っていると思うので、作業をするために安全な場所に自転車を押していきます。自宅にいるなら、作業中に自転車から落ちる汚いクズを受けるために、新聞紙を下に敷き、手を拭くための布を用意します。

1 インナーチューブを交換するには、パンクしたタイヤのホイールを外す必要があります。その前に、ブレーキを外しましょう。

たいていの自転車のようにリムブレーキがついている場合、メカの最上部のパーツを押し合せてケーブルを外すことで、ブロックを解除できます。ディスクブレーキの場合は、ケーブルをホイールの真ん中までたどって、留め金を外しましょう。

2 最近の自転車はたいてい、クイックリリースのホイールがついています。レバーを手前に引けば、すぐに締め具が緩むのが特長です。このレバーは固定されているものと、取り外し可能なものがあります。取り外し可能なレバーはキーホルダーにつけておくといいでしょう。そうすれば自転車で出かけている時にメンテナンスの必要に迫られた場合、所定の位置にはめることができます。

後輪の作業をする場合、まずチェーンを外す必要があります（ステップ3参照）。前輪の場合、すぐに上図のようにクイックリリースのレバーを手前に引いて、フォーク（ホイールを支えている棒）に対して直角になるまで持ってきます。ホイールが締め具の中で緩んでグラグラするのを感じたら、レバーが開いたことがわかります。ホイールが楽にフォークから持ち上がるまで、ナットを少し緩めます。

クイックリリースのレバーがない場合、手元にある小さい自転車用スパナを取って、ホイールがフォークから外れやすくなるまで、手でナットを緩めます。ホイールをフォークから外しましょう。

自分で出来るメンテナンス　107

次に、図4のように、レバーを使ってタイヤをやさしくこじ開け、ホイールのリムから外します。そのために、レバーの平らな部分をホイールリムとタイヤの間に差し込み、タイヤを引き離します。片側が完全にリムから外れるまで、一周ぐるっと行います。そのあと両手でそっとタイヤを引きはがすか、またはレバーを使ってタイヤの反対側をこじ開け、リムから引き離してから、完全にタイヤを取り外します。

パンクの原因を探すために、タイヤを徹底的にチェックしましょう。外側と内側を見ます。タイヤの内側に指をはわせ、問題の原因を手探りすることもできますが、指を切らないように気をつけて。何か見つけたら取り除きましょう。

ホイールリムからインナーチューブを取り外します。

3 ブレーキを外した後、後ろのギアハブからチェーンを持ち上げ、完全にハブから取り外します（p105参照）。

クイックリリースのレバーを使うか、自転車用スパナでナットを緩めて、ホイールが留め具のなかでグラグラするようにしてから、後ろのフォークから持ち上げます。チェーンを引っかけないように注意しましょう。図3のように、あいているほうの手でチェーンをハブから離すように持っておいたほうがやりやすいかもしれません。

4 インナーチューブが完全にぺちゃんこになっていない場合、空気を抜きます。バルブの上のキャップを回して外し、バルブのとがった部分を押します。空気が抜ける「シュー」という音が聞こえます。

5 新しいインナーチューブのバルブからキャップを外し、インナーチューブをホイールリムの中に入れます。図5のように、キャップを戻してチューブを所定の位置に固定します。

108　自分で出来るメンテナンス

6 タイヤを元に戻すには、両手を使ってタイヤの片側をリムに押し込みます。タイヤの片側がリムの中に収まったら、インナーチューブをタイヤの内側に押し込みながら、反対側をはめていきます。両手でできるだけやってから、残り数センチはタイヤレバーを使ってリムにはめます。レバーを使うときは、インナーチューブを傷つけないように十分に注意しましょう。傷ついてしまったら、すぐにまたパンクしてしまうかも！インナーチューブに少し空気を入れると、リムに対してグニャグニャしてはみ出すことがなくなるので、やりやすいかもしれません。

　インナーチューブがホイールリムにしっかり入ったら、しっかり空気を入れましょう。これ以上入らないというところまで、入れて、入れて、入れて！

7 ホイールをフォークの間の所定の位置に戻します。スパナを使って手でナットを締めます。クイックリリースの締め具を締めるには、ネジを1回か2回回してから、レバーを前に押して、フォークに対して垂直だったものを平行にします。最後の数センチを押すときは、強い抵抗を感じるはずで、ホイールは完全に安定させなくてはなりません。少しでも弾力を感じる場合、またはホイールをぐらつかせることができる場合、クイックリリースのレバーをもう一度手前に引いて、フォークに対して垂直に戻し、ネジをもう2回ほど回します。それからレバーを押し戻します。ホイールが完全に固定されるまで、これを繰り返しましょう。

　後輪の作業をしている場合、チェーンを後ろのハブに戻して、ペダルを2回ほど回して、ホイールを取り外す前の状態に戻します。

　最後に、ブレーキを戻します。きちんと戻せたかどうかをチェックするために、タイヤを回してブレーキをかけます。

　さあ、これで完成！　問題は解決しました。古いインナーチューブをバッグに入れて、もし時間とやる気があるなら、パンクを直すために家に持ち帰りましょう。

自分で出来るメンテナンス

パンクを修理する

　パンクを修理するために必要なのは、空気入れ、パンク修理キット、タイヤレバー、そしてクイックリリース機構のホイールでない場合は自転車用スパナ。

　p107～108の手順で、ホイール、タイヤ、インナーチューブを取り外します。

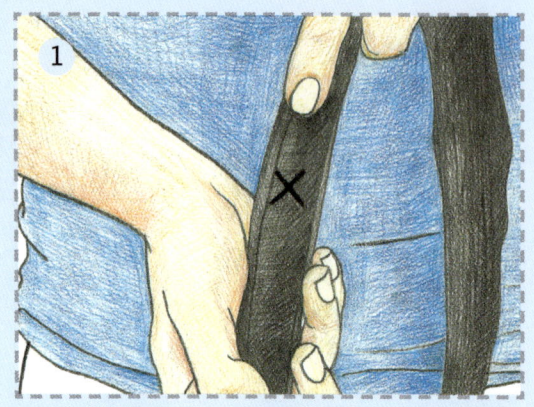

1　ここで実際のパンク箇所を見つける必要があります。インナーチューブを空気入れで膨らませます。チューブを耳元に近づけます。バルブのところから始めて、ゆっくり一周回して、空気が抜けていることを示すシューという音に注意しながら聞きましょう。頬に空気が当たるのを感じる場合もあります。空気の音が聞こえたら、チューブのその部分を注意深く調べて、パンク箇所を見つけ出します。見つかったら、パンク修理キットのチョークでバツ印をつけましょう。

　パンクが見つからない？　自宅か、たらいと水が手に入る場所のそばにいるなら、チューブを水に浸して、ゆっくり回しましょう。空気が抜けているところに水泡が見えるはず。パンク修理キットのチョークで印をつけます。

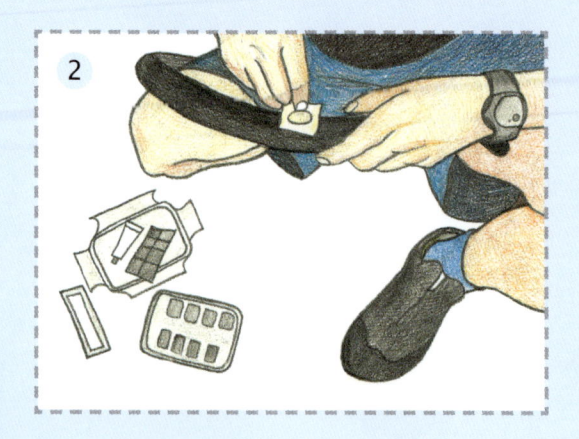

2　パンク修理キットに、小さい紙やすりが入っています。これを使って、パンク箇所周辺にやさしくやすりをかけます。次に、きれいな乾いた指で、キットに入っている接着剤を薄く塗り、完全に乾くまで放っておきます。接着剤が乾く前にパッチを当ててはいけません。完全に乾く必要があるのです。

　パンク箇所周辺を完全に覆うパッチを選びましょう。裏地をはがして、パッチを慎重にインナーチューブに貼りつけます。中央から始めて、指で外へ向かって押しつけていきます。念入りに、時間をかけて。この段階で急ぐと、パッチが緩むおそれがあります。上にかぶさっているセロファンなどをはがします。

　最後に、インナーチューブに空気を入れ直し、パッチの周辺に空気の抜けがないかどうか注意して聞きましょう。すべてがしっかりふさがったら、p109の要領で、インナーチューブとタイヤとホイールを元どおりに戻し、ブレーキを引っかけ直し、出発しましょう！

　空気が抜ける音が聞こえたら、パッチをはがして、もう一度試しましょう。新しいパッチを使いたければ、そうしてください。修理する価値のないパンクもあります。大きい破れ、複数の破れや裂け目、バルブ周辺の裂け目や切れ目は、通常、インナーチューブにさよならを意味します。

サドルとハンドルバーを調整する

　すべてをプロの手でセットしてもらえるよう、サドルとハンドルバーは自転車を買うときに店で調整してもらうのがベストです。しかし、誰かがあなたの自転車を借りてサドルとハンドルを調整する場合に備えて、自分でやる方法を知っておくのは有益です。公共の場や自宅で鍵をかけて自転車を置いておくとき、盗難を防ぐために、サドルか前輪かその両方を取り外したがるサイクリストもいます。

2　ホイールと同じように、最近の自転車はサドル調整もクイックリリース機構になっているものが多いです。締め具を緩めるにはレバーをサドルの柄から引き離して、締めるには柄に平行な位置に押し戻します。サドルがクイックリリース機構になっていない場合、図2のように、自転車用スパナを使って手でナットを緩めます。

　サドルの高さを快適な高さに調整したら、サドルが完全に固定されるまで、締め具を締めます。回ってしまってはだめです。

　サドルが正しい高さなら、両足を床に触れさせることができて、なおかつペダルに快適に乗せられるはずです。

1　ハンドルバーを調整するためには、アレンキーとドライバーが必要です。先ほど言ったように、ハンドルバーは店で正しい高さに調整してもらうのがベストで、そうすれば二度とやってもらう必要はないはずです。

　アレンキーを使って、図1に示されているハンドルバーの柄の締め具を緩めます。プラスチックのキャップがついている場合、ドライバーで外します。高さを調節して快適になったら、締め具を締め直します。

　ハンドルバーの正しい高さは、あなたの身長、腕の長さ、乗っている自転車の種類によります。一般的に、ロードバイクに乗っているのでない限り、両手がサドルに乗っているおしりより高い位置になるようにするほうが快適です。

自分で出来るメンテナンス　　111

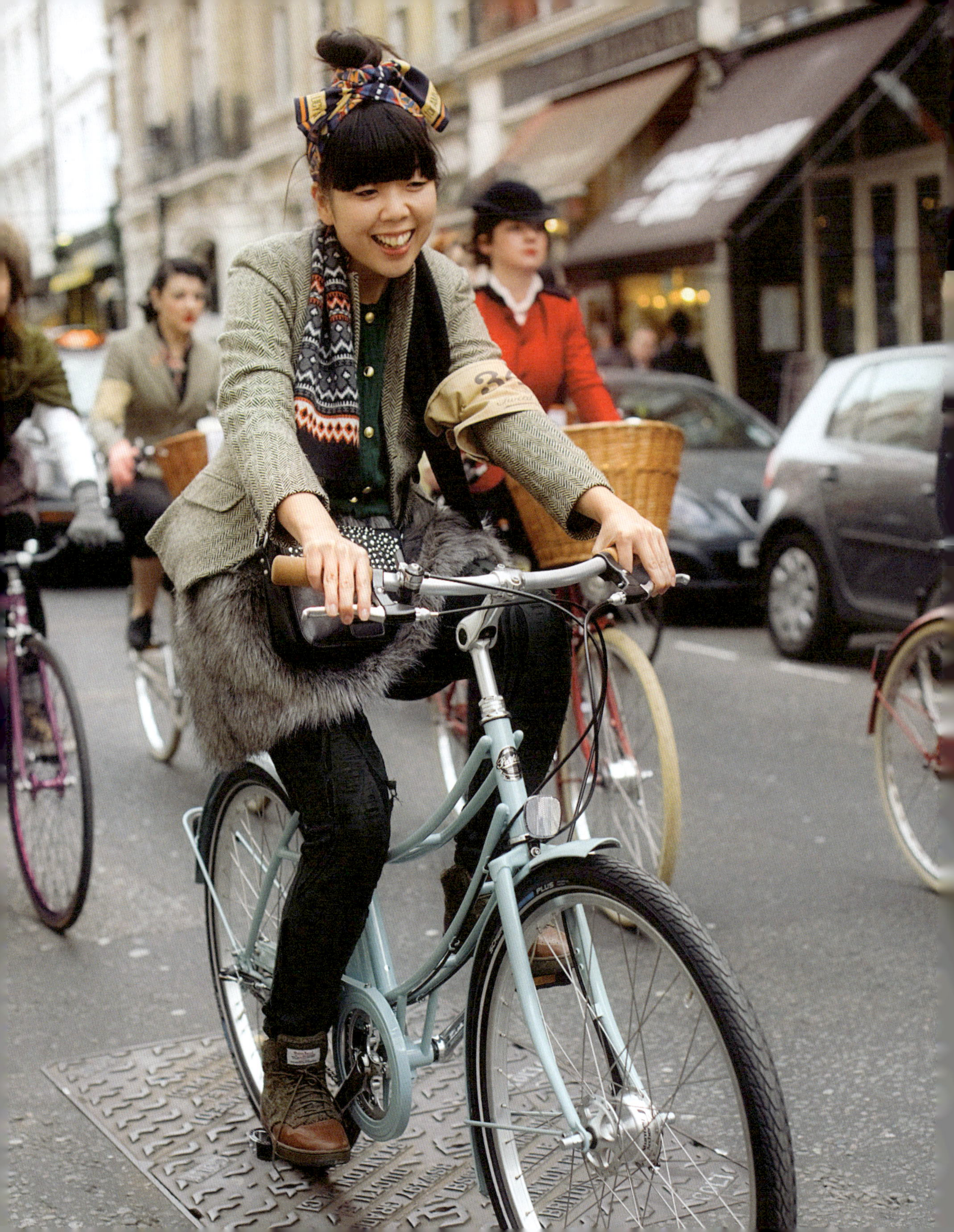

第 7 章　自転車に乗るシーン 7

the cycling scene

大人気のスカイライドは、イギリスのいくつかの都市で1日自動車の通行を禁止し、サイクリストに道を譲ります。

さあ、いよいよあなたの
サイクリング生活を
次のステップへ進める時が
きました。

　あなたの自転車の旅は始まったばかりです。サイクリングは単なる趣味、移動の道具、減量の手段にとどまりません。多くの人々にとって、積極的に選ぶライフスタイルなのです。

　サイクリングがこれほど多くの本質的にすばらしい実績を上げていることは、シーン全体が変化に富む魅力的な生活へと発展したことを意味します。自転車クラブ、自転車旅行、自転車レース、寄付金集めの自転車イベント、自転車ワークショップ、自転車パーティー、すべてひっくるめた自転車サブカルチャーまであります。たかが自転車が、芸術的なひらめきを与え、福利のために莫大な金額を集め、何百万という人々に新しい友だち、新しい活動、新しい生き方を見つけるきっかけを与えています。自転車は独自のスタイリッシュなやり方で、世界を変えているのです。

Cycling and me

　「私が自転車を始めたのは16歳のとき、潜在能力を学校で見つけてもらったからです。私の学校に『人材発掘チーム』が来て、みんなにグランドで選考会をしたんです。私はそれにパスして、さらにいくつかテストを通った後、自転車をもらい、コーチがつきました。

　自分が経験できる自由とスピードが大好きです。私は世界中を旅するようになり、自転車に乗っていなかったらかなわないほど、たくさんのものを見ています。自転車は私の仕事ですが、趣味でもあります。自転車を通してたくさんの友だちに出会いました。最高の実績はオリンピックのロードレースで獲った銀メダルです。

　冬に基礎練習をしなくてはならない時、葛藤することもあります。それでも続けているのは、何より仕事だからですが、いったん自転車に乗って外に出れば楽しくなってくるし、乗らなかった場合の罪悪感は楽しくないことを、経験から知っているからでもあります。

　サイクリングはすばらしい総合的な運動です。人の輪が広がるし、カフェやきれいな場所で止まることもできます。競技をしたければ、私たちのように観衆のスリルを楽しめるすばらしい場が国内にありますよ」——リジー・アーミステッド、五輪ロードレースの銀メダリスト

自転車に乗るシーン　　115

世界を見て回るのに、自転車に
勝る方法はありません。

自転車に乗って何ができるか

　自転車に乗る場面に参加することは、これ以上ないくらい簡単ですし、あなたを歓迎しようと待っていることがわかりますよ。さあ、前に進んで、参加しましょう！

クラブに入る

　自転車のクラブやサークルは、知らない人たちと出会い、新しい友だちをつくり、共通の趣味を心から楽しむのに、うってつけの方法です。あらゆるタイプのサイクリングに応じたクラブやサークルがあります。近所のクラブやサークル、全国的なクラブや組織の支部を、ネットで検索しましょう。

　多くの都市では選択肢が無限にあります。フィクシーのサークルは、ファッションやアートの情報を交換するために集まり、闇にまぎれて都会を自転車で走り、夏にはもっと長い海岸沿いの旅に出かけます。クラシック自転車のファンは、忘れられた時代の自転車を称賛するために集まります。見事に修復したペニーファージング自転車をはじめ、もっとシンプルだった時代のモデルを持っている人が大勢います。「ツイード・ラン」には、一張羅を着こんだヴィンテージ自転車のファンが集まり、都市や町を勢いよく走り抜けます。もちろん、一般的な自転車のクラブやサークルはごまんとあります。トラックレースや公開イベントから、遠くの目的地までの夜通しサイクリングまで、あらゆる年齢、あらゆる能力レベルの人たちに向けたイベントが企画されています。地方のクラブなら、美しい自然の景色を自転車で探索できますし、都会の空気を吸うための街への自転車旅行を企画することもあります。

イベントに参加する

　自転車の評価と人気が高まるにつれ、自転車クラブが企画するイベントに加えて、地方自治体や国、ブランド、慈善団体が、独自のイベントを企画するようになっています。

　イギリスでは、放送局のスカイが時間とお金をたっぷりサイクリングに注ぎ込んでいます。「スカイライド」というイベントは国中で行われています。その日、車のドライバーは都市から締め出され、サイクリストが道路を自分たちだけで楽しむことができます。「サイクレッタ」は女性限定の自転車イベントで、ヴィクトリア・ペンドルトンが陣頭指揮を執り、全国各地のファミリー向けの会場で開催されています。あなたの近くで行われる自転車イベントをネットで検索するか、サイクレッタやスカイライドのウェブサイトにアクセスして、あなたに一番近いイベントを見つけましょう。自転車イベントを運営する慈善団体も、乳がんキャンペーンやイギリス心臓病支援基金などたくさんあり、たとえばロンドンからブライトンへのサイクリングは象徴的で大人気です。

　アメリカでも、非常にたくさんの自転車イベントがあります。自転車のオンラインマガジン『サイクル・アンド・スタイル』は、寄付金集めイベントなど女性限定のイベントを州ごとにリストアップしています。アメリカ自転車連盟のウェブサイト（www.usacycling.org）や、BikeRide.com でも、イベントのリストを見られます。

　自転車の店やブランドも、女性のサイクリングに対する関心の高まりに興味を示し、独自の女性限定店内イベントを企画し始めています。新しい人々と出会い、地域で利用できるものについて知り、もちろん自分の自転車に関するノウハウを磨くのにも、うってつけの場になるでしょう。

休日に自転車旅行に出かける

　自転車旅行は新たなロード旅行です。狭い車に体を押し込み、渋滞をのろのろ進むことなど忘れて、自転車旅行に出かけましょう。ルートを決め、友人か恋人を誘って、どこかきれいな場所で止まってランチして、1日自転車の楽しさに浸りましょう。

　旅行好きの人なら、見知らぬ土地を探検するのに自転車に勝る手段はありません。サイクリング休暇は体を鍛え、サイクリングのあらゆるメリットを最大限活用するのにぴったりです。企画されている自転車旅行をネットで検索するか、サイクリングしながら精力的に活動できる冒険の地を探しましょう。女子旅行や女子会を企画しているなら、自転車をテーマにした旅行やイベントは、いつもと違うことをやって、みんなを

大自然に連れ出すのにうってつけで、みんなの記憶に残るでしょう。

恋人どうしは自転車で息をのむような景色を楽しむために、まさに2人のためにつくられた2人乗り自転車を借りることもできます。でも2人乗り自転車はカップルだけのものではありません。親友とロンドンからブライトンまで2人乗り自転車を夜通し走らせたことも、私にとって最高のサイクリング体験の1つです。ちょっぴり怖くて、とにかく愉快で、最終的にとても実りある経験でした。

家族全員を巻き込む

サイクリングは子どもたちを大自然に連れ出し、その尽きることない無限のエネルギーを燃焼させるのにうってつけです。よちよち歩きの子どもの入門用には、ペダルなし二輪がぴったり。彼らが初めての自転車をマスターするのを手伝うのは、あなたにとって楽しい時間になるでしょう。もっと年長の子どもは、一人でもすぐに自転車に乗ることを覚えられるので、家族での自転車乗りは天気のいい(または雨降りでも)日曜日のすてきな過ごし方になります。子どもたちに貴重な道路感覚を植えつけるために、家族向けの自転車レッスンに投資しましょう。

サイクリングができる冒険の地やリゾートへの家族旅行は、子どもたちに喜ばれること請け合いで、個人では挑戦しようと思えないような、自転車モトクロスやマウンテンバイクなど、もっと激しいタイプのサイクリングが見つかります。もし見つかったら、あなた

も自分の内なる無鉄砲さを受け入れて、一緒にやりましょう!

赤ちゃんと一緒に自転車に乗ることも可能です。自転車にベビーシートを取りつけるか、あなたの大切な荷物を安全に乗せられるトレーラーか台車を購入しましょう。そういうシートやトレーラーは、6カ月未満の赤ちゃんには適さないかもしれないので、メーカーの取扱説明書を注意深くチェックしてください。例によって、自分が不安に思うことをやってはいけません。子どもを連れて楽しく自転車に乗っているお母さんは大勢いますが、あなたの赤ちゃんということになれば、あなたが許容できるリスクレベルはあなたにしかわかりません。子どもと一緒に自転車を走らせる気がしないのであれば、サイクリングを貴重な「自分の時間」にしましょう。パートナー、親、親戚、あるいは友人が赤ちゃんの面倒を見ている間、貴重な1時間を自転車に乗って過ごすのは、自分自身を取り戻して充電するためのすばらしい方法と言えます。

自分のばかな面を受け入れる

すべてが真面目でなければいけないと、誰が言いました? サイクリングは人生の楽しさを味わうのに最適の方法です。自転車クラブはよく、純粋に楽しむためのイベントを開催します。私が友人と2人乗り自転車で走破したロンドンからブライトンまでの夜通しサイクリングは、チャリティーイベントではなく、ただ何か変ったことをしたい人のためのイベントでした。自転車愛好家のために企画される楽しいふざけたイベントはたくさんあり、すべてに目的や真面目な要素が必要なわけではありません。何か変ったことを楽しんでやるために集まるだけの場合もあります。多くの人は子どものころ自転車に乗っていたのですから、また自転車に乗ることは、自分の中の子どもの部分を少し解放するすばらしい方法かもしれません。ただ自転車に乗るだけにしろ、おしゃれをして参加するチャリティーイベントにしろ、まったく新しい変ったことに参加するにしろ、サイクリングは今まで夢に見ることさえなかったことを試す力を与えてくれるでしょう。近くで開かれるイベントをネットで検索するか、地元の自転車クラブを探して、特別な計画がないかどうか調べましょう。

Cycling and me

「私が参加した中で一番記憶に残っている自転車イベントはオール・ガールズ・アリキャット。ロンドン・フィクスト・ギア・フォーラムの主催でね。スーパーヒーローの格好をして、ロンドン中で宝探しをするの。休憩所はすべて女装した男性が運営していて。ばかみたいに楽しかったわね」
——エイミー・フルーリオ、ファッションデザイナーでサイクロデリックの創立者

サイクリングは健康的で楽しくて手ごろなので、家族の趣味として申し分ありません。

自転車競技種目

　一般的な自転車に乗る「場面」とは別格に並んでいる、異なるタイプのサイクリングもたくさんあります。もう少し専門的なもの、激しいもの、あるいはアウトドア派のものに足を踏み入れたい人は、次に挙げるものにそそられるかもしれません。

マウンテンバイキング

　自然の中でリラックスして汚れるのが好きですか？ マウンテンバイカーはそういう人です。地に足がついていて、スポーティーで、アドレナリンが大好き。マウンテンバイクレースは、オリンピックの国際舞台で話題になるさまざまな自転車競技種目の1つで、勇敢な女性たち（と男性たち）が地球上で最も難しいコースを、頼もしい二輪の馬に乗って走る姿には、手に汗握ってハラハラドキドキしながら見入ってしまいます。

　静かな田舎の風景に溶け込むのが大好きで、少しくらい汚れても気にならず、極端なオフロード環境のスリルを味わいたい人には、マウンテンバイキングが向いています。功名心が控えめな人たちにとって、マウンテンバイキングは、専用のコースやトラックで新たな眺めや環境を発見したり、「自然に帰る」感じでとにかく大自然のなかを走り回ったりする、とても楽しいアクティビティです。

参加する

　マウンテンバイククラブのお試し集会を調べましょう。自転車旅行を試すか、アウトドア派の家族向け施設でのマウンテンバイキング集会に参加しましょう。

ファッション

　シンプルな重ね着でアウトドア派の雰囲気を出しましょう。夏には明るいタンクトップかレーサーバックに、短パンかスカート（下に短パンをはくのを忘れないで）を合わせます。涼しい季節には、クラシックな長袖の白いTシャツに、長めのスケーター用ショートパンツか、耐水のパンツを合わせます。自然と闘うために防水ジャケットは必須。メイクは最小限に抑え、シンプルで手のかからない髪形にすること。マウンテンバイキングにはヘルメットをかぶる必要があります。転倒に備えるためだけでなく、森の道を走り抜けるとき、低い位置に伸びる枝から頭を守るためでもあります。

ロードバイキング

　スピードを出さずにいられませんか？ ロードバイカーはそう感じる人。タフで、やさしくて、自転車界の技術進歩をすべて取り入れ、ヘルメットに風が当たる感覚を愛しています。ロードバイカーはかなりの距離を走り、そうしている間、世界が届けるあらゆる光景と音を取り込みます。国際舞台となるオリンピックのロードレースを見ると、心をつかまれて感動します。2012年ロンドン五輪のロードレースでイギリスチームのリジー・アーミステッドが銀メダルを手にするのを見た人や、タイムトライアルで2回連続の金メダルを目指すアメリカのクリスティン・アームストロングに大声援を送った人は、その光景の中毒性を証言するでしょう。

　ツール・ド・フランスはおそらく世界で最も有名なロードレースですが、女性は参加を許されていませんし、禁止薬物使用のいまわしい記録があります。それでも、近頃はフェアに行われているこの競技は、すべてのサイクリングファンにとって間違いなく注目の的です。かつては女性のツール・ド・フランスもありましたが、残念ながら今はありません。

　ロードバイキングは、打ち解けたフレンドリーな雰囲気の中で、長距離を走り、新しい場所を発見し、たっぷりのランチを食べ、夕日に向かって滑るように走りたい人にうってつけです。

参加する

　地元の自転車クラブに入って、あなたと同じくらい一般道路とたっぷりのランチが好きな人と知り合いましょう。自転車旅行に出かけて、滑らかでスピードの出る競走用自転車のサドルから、その土地を楽しみましょう。あるいは、地域で企画されているイベントやレースを調べましょう。多くの自転車クラブが非会員を歓迎するイベントを開催しています。

右：マウンテンバイキングで自然に親しみましょう。

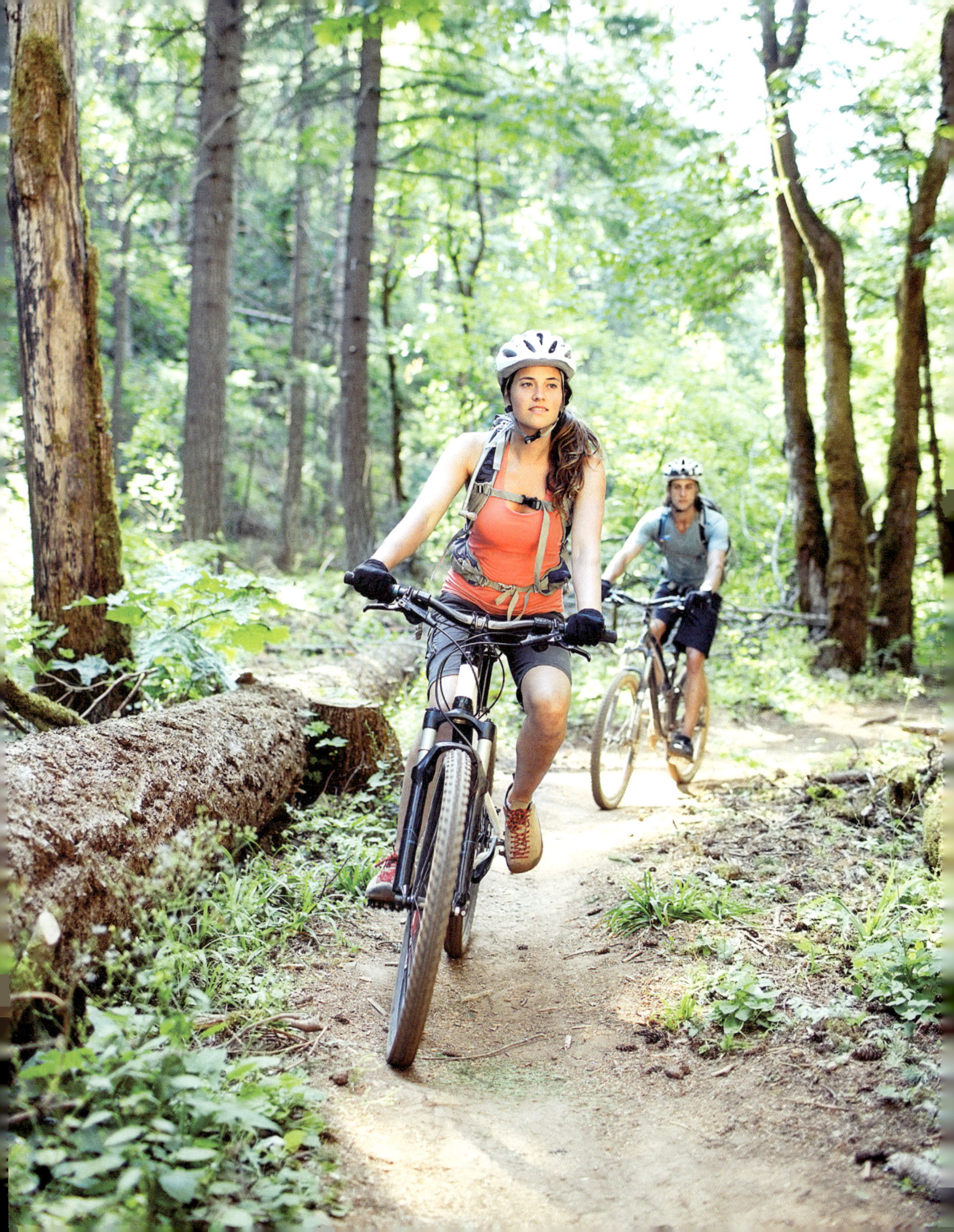

最も命知らずの厳しい自転車競技とも言えるモトクロスは、ワクワクドキドキが最高のサイクリングです。

ファッション

本格的なロードバイカー向けのプロ用ウェアです。堂々とライクラを着ましょう。ツルツルのサイクリングタイツ、カラフルなジャージ、流線型のヘルメットで、あなたは最高のロードバイカーに溶け込んで見えます。その引き締まった脚を見せつけましょう。夏には深刻な日焼けに備えて、日焼け止めを忘れないで。

自転車モトクロス（BMX）

過激な活動が好きで、切り傷やあざや骨折は自分を限界まで試す楽しみの一部として気にしない人、BMXは向いています。BMX選手は息をのむような度胸と技を持っていて、恐ろしく見える障害だらけのコースを、小さくてよく弾む自転車に乗って駆け巡ります。よくスケートボード場に出入りし、ハーフパイプや斜面などの障害物の上で、信じられないような重力に逆らう離れ業を披露しています。特有のリスクを考えると、モトクロスは基本的に若い人のスポーツです。

シャネーズ・リードはイギリスBMX界の看板娘で、数年にわたってオリンピックメダル候補として熱く報道されていました。残念ながらメダルは逃しましたが、恐れを知らないストリートスタイルで、多くの若い勇敢な命知らずの女子のロールモデルになっています。アメリカではアリエル・マーティンとアリス・ポストが、度胸とスタイルと冷静沈着さでメダルを獲得しています。

参加する

試してみるには、競技場やクラブでモトクロス用自転車を借りることができます。あるいは、スケートボード場か競技会に行って、その雰囲気を肌で感じ、自分に向いているかどうか確認しましょう。BMX選手はフレンドリーな集団が多く、まったくの初心者でも励ましてサポートしてくれます。

ファッション

まず必要な防具をすべて身に着けないでBMXをするなど、考えるだけでも自殺行為です。自転車を借りるとき、必要なパッドやプロテクターもすべて借りることができます。競技場以外では、女子スケーター用のジーンズか短いホットパンツ、ゆったりしたパーカー、ぴったりしたベストとTシャツか、鍛え上げられた腹筋を見せるための短いシャツがいいでしょう。

トラックレース

ヴィクトリア・ペンドルトン、ダニー・キング、ローラ・トロット、アンナ・ミアーズの領域、それがトラックレースです。自転車のトラック競技は、世界一の最先端技術に支えられた超高速テクニックの頂点です。世界の舞台では、イギリスが絶対王者であることに議論の余地はありません。

ここではスピードが肝心です。自転車のトラック競技は、団体追い抜き、ケイリン、スプリントなど、スリリングで見方によっては実に奇妙な競技があります。競争心が強く、一番になること、競争相手を負かすこと、自己ベストをたたき出すことが大好きな人に、向いています。競技場内の雰囲気はすばらしいものです。トレーニングとレースで信じられないほどスリムな体形になります。非常にきついので、とくに真剣に考えたい場合、全力を傾ける覚悟が必要です。

参加する

地元の競技場、連盟、またはクラブを調べて、自転車のトラック競技が自分に向いているかどうか知るために、いくつか競技に行ってみましょう。多くの競技場が初心者向けのお試し日をもうけていますから、自分でやってみることもできます。

ファッション

競技場では、全身を高性能のライクラで包み、斬新なヘルメットをかぶり、本格的な脚の筋肉を見せましょう。汗を発散し抗菌性もある専用繊維か、自然の竹布でできた、ゆったりした上下のウェアでトレーニングします。汗をかいていないときは、スウェットパンツとパーカーを上に着ましょう。

まあ、こんなところです。自転車の世界は広がっていて、すべてがあなたを待っています。あなたはただ加わればいいだけです。

Cycling and me

「アテネのパラリンピックの後、体調を整えておくためにちょっとクロストレーニングをして、その一環でマンチェスター競輪場に行き、誰でもできるからと、トラックでの自転車の走らせ方を習ったの。その後2005年の初めに耳の感染症にかかって、2005年7月までに6回も耳の感染症になってしまい、それぞれが完治するまでにものすごく時間がかかっちゃって。

頭を水に入れられない間、体調を整えておくのに自転車を利用し、その期間にマンチェスターの競輪場で安全の認証評価を終えたの。イギリス自転車競技連盟からロードバイクも借りて、だんだんに自転車についての自信がついていったわ。3カ月も水に入ることができないとわかったときにはショックだったけど、自転車競技連盟から、2005年のヨーロッパ選手権の選考基準を満たすかどうか見るために、300メートルのトライアルを受けないかと言われたわ。トライアルを受けたら、現在の世界記録とわずか2秒しか差がないことがわかったのよ」——サラ・ストーリー、イギリス史上最多のメダルに輝くパラリンピック選手で、水泳と自転車競技の両方で金メダルを獲得。

自転車とともに生きる

　サイクリングは病みつきになります。自分がサイクリングに取りつかれていることに気づいても、どうか驚かないで。徐々に始まります。歩いたり、車や電車に乗ったりする代わりに、自転車で行ける方法を考えている自分に気づくようになります。しばらくすると、自転車で行くことにこだわるようになります。自転車を使えないのなら、そもそも出かけることに関心がなくなるのです。

　次に、手持ちの服をまったく違う角度で見るようになります。つねにカッコよくありたいとは思っているのですが、何を買うにしても最初にこう考えます。「これを着て自転車に乗れる？　乗れないなら、バッグに入る？」。小さいサイズの服を買う必要があることにも気づくかもしれません。

　ふだんのメイクも変わります。サイクリングのおかげで自信がつくので、すっぴんで出かけるか、少なくとも普通の下地を軽い色つきの乳液に替えてもよくなります。頬の輝きに似合うような、より自然な装いを受け入れるようになります。

　このような副作用はすべて、サイクリングに取りつかれた人たちの間では、非常によくあることだと思います。よく自転車に乗る人が経験する、色つやのよい肌、尽きることのない元気、高まる意欲、充実感、そして美しく引き締まった脚に効く解毒剤はありません。歯を食いしばって、できるだけうまくやって行くしかないのです。

　サイクリングには強い中毒性があるにもかかわらず、やる気が起こらない時もあります。最高に熱心なサイクリストでも苦労することがあるのです。外が暗くて寒くてジメジメしている時はなおさらで、自転車に乗ることを考えると不安で頭がいっぱいになります。その日はバスか電車に乗ることを選ぶかもしれません。でも、結局それを後悔して、次の日にはさっさと愛用の自転車に戻ることになっても、どうか驚かないで。

　悪天候の中を出かけるのが本当にいやなら、天気のいい日だけのサイクリストであることは恥ではありません。どんなサイクリングでもまったくしないよりはましです。同じように感じる人がほかにも大勢います。だって、春と夏には道路上のサイクリストがどれだけ増えることか！　秋が来ると、冬が終わるまで車か公共交通機関に戻ることを選ぶ人が大勢います。だから、何ものにもめげずに自転車に乗ろうとする筋金入りのサイクリストのために、道路が空くのです。とはいえ、環境に合った服装をすれば、不快な天候の中で自転車に乗るのも、想像していたよりもはるかに楽だと感じるかもしれません。私はいつも、雨や風や雪の中で自転車を走らせると、大きな達成感を得られると思っています。冷えて濡れた体で家に帰り、心地よいお風呂に直行するときの気持ちに勝るものはありません。

　不運にも事故に遭ったり、自転車から転げ落ちたり、車のドライバーとトラブルがあったりした場合も、やる気がなえるかもしれません。そのような出来事は本当に自信をくじくおそれがあり、そもそもあまり自信がなかった場合はなおさらです。再び道路に出る一番の方法は、資格のある自転車インストラクターのレッスンを数回受けることです。ゆっくり自信をつける手伝いをしてくれますし、将来的にそのような出来事に対処する最善の方法を教えてくれるでしょう。ふだんから慎重なサイクリストでも、安全を維持するのに役立つ新しい技をいくつか学べます。

　結局、サイクリングが生活全体におよぼす効果から、やる気は生まれてくるものです。健康で元気でいられて、お金を節約できて、乗っているときに楽しいなら、やり続けるのが理にかなっていますよね。

　さて、私からは以上です。私たちの旅は終りです。でも、あなた個人の自転車の旅は始まったばかりです。ここまで読んだことで、あなたがやる気と刺激を感じ、自転車に飛び乗りたくてウズウズしているならいいのですが。自転車に乗って、夕日に向かってこぎ出すために必要な情報とアドバイスを、あなたはすべて手に入れたはずです。安全を守りながら、自転車革命に加わることを楽しみましょう。自転車の世界は両手を広げてあなたを待っています。

ブランドと販売店

ブランドの解説は、82〜85ページに掲載されています。

Cyclechic
www.cyclechic.co.uk

Cyclodelic
www.cyclodelic.com
日本輸入元：Cycle Chic
http://cyclechic.jp/

Terry
www.terrybicycles.com
日本輸入元：東京サンエス
http://tsss.co.jp/

Basil
www.basil.nl
日本輸入元：ライトウェイプロダクツジャパン
www.riteway-jp.com/

Bobbin
www.bobbinbicycles.co.uk

Sawako Furuno
www.cyclefashion.co.uk
日本輸入元：インタープレス
http://www.ipistyle.com/

YMX
www.ymxbyyellowman.com

Sombrio
bike.sombriocartel.com

Rapha
www.rapha.cc
コンセプトショップ：ラファ・サイクルクラブ大阪
http://www.rapha.cc/osaka

Knog
www.knog.com.au
日本輸入元：ダイアテックプロダクツ
http://www.diatechproducts.com/

Vespertine
www.vespertinenyc.com

Minx
www.minx-girl.com

Sweaty Betty
www.sweatybetty.com

Velorution
www.velorution.com

Picture credits

Page 1 Mikkel Vang/taverneagency.com; **2** Cavan Images/Getty Images; **4–5** © Isaac Lane Koval/Corbis; **6** Cyclodelic (www.cyclodelic.co.uk), photographed by Andrea Vladova for Transport for London; **7** Cyclodelic (www.cyclodelic.co.uk), photographed by Farid Tejani; **8–9** photographs by Noel Bussey; **10** plainpicture/Johner; **12** Serge Kroughkoff © 2010 IPC Plus Syndication; **13 above** Dejan/Getty Images; **13 below** Mary Evans/Epic/Tallandier; **14** Popperfoto/Getty Images; **15 left** Cultura/Frank and Helena/Getty Images; **15 right** WireImage/ Getty Images; **16** Popperfoto/Getty Images; **17** British Cycling;
20 © Martin Sundberg/Corbis; **22** © Sander de Wilde/Corbis;
23 Cyclodelic (www.cyclodelic.co.uk), photographed by Ben Broomfield (benbroomfield.com), model Claira Watson Parr;
24 Cyclodelic (www.cyclodelic.co.uk), photographed by Farid Tejani; **26** by 19 © 2010 IPC Plus Syndication; **27 left** Brompton Bicycle Ltd (www.brompton.co.uk); **27 right** Paul Massey/ Livingetc/IPC+ Syndication; **28 left** © Corbis Bridge/Alamy;
28 right Pashley Cycles (www.pashley.co.uk); **29** Pashley Cycles (www.pashley.co.uk); **30 left** R&D PHOTO/Getty Images;
30 right Brompton Bicycle Ltd (www.brompton.co.uk); **31** Pashley Cycles (www.pashley.co.uk); **32 above** Pashley Cycles (www.pashley.co.uk); **32 below** © Rainer Jensen/dpa/Corbis; **35** © Mika/Corbis; **36** © Denkou Images/Alamy; **38** photograph taken by Chloe True; **39** Cyclodelic (www.cyclodelic.co.uk); **41** © Tabor Gus/Corbis; **42** helmet by Sawako Furuno (www.cyclefashion.co.uk), photograph courtesy of Liesel Böckl;
44 © Mika/Corbis; **46–48** illustrations by Qian Wu; **49** Getty Images; **50** Getty Images; **52** © Purcell-Holmes/Robert Harding World Imagery/Corbis; **53** helmet by Sawako Furuno (www.cyclefashion.co.uk), photograph courtesy of Liesel Böckl;
54 GUIZIOU Franck/Getty Images; **56** Andrew Watson/Getty Images; **57** photograph by Charlie Dark; **58** Ty Milford/Getty Images; **60** Brompton Bicycle Ltd (www.brompton.co.uk); **61** © Mika/Corbis; **63** by 19 © 2010 IPC Plus Syndication; **64** helmet by Sawako Furuno (www.cyclefashion.co.uk), photograph courtesy of Liesel Böckl; **67–68** Cyclodelic (www.cyclodelic.co.uk), photographed by Ben Broomfield (benbroomfield.com), model Claira Watson Parr; **69** the Isoar Wings vest by VESPERTINE (vespertinenyc.com), photograph by Reka Nyari; **70** © Philip Lee Harvey/Alamy; **72** © Ocean/Corbis; **73** Georgia Glynn-Smith;
74 Jane Wake; **75** © Pressmaster; **76–77** illustrations by Qian Wu; **78** Bowery Lane Bicycles (www.bowerylanebicycles.com) and Travis Huggett (www.travishuggett.com); **80** Jacopo Raule/Contributor/Getty Images; **81 above** AFP/Stringer/Getty Images; **81 below** Mat Szwajkos/Stringer/Getty Images; **83 above** Basil (www.basil.nl); **83 below** Cyclodelic (www.cyclodelic.co.uk); **84** Mike Lelliott for KNOG (www.knog.com.au); **85** The Trench, Oyster by VESPERTINE (vespertinenyc.com), photograph by A.J. Abucay; **87** © Corbis Flirt/Alamy;
88 Basil (www.basil.nl); **90** NBCU Photo Bank via Getty Images; **91** Handout/Handout/Getty Images; **92** © Joe Toth/BPI/Corbis; **95** © Image Source/Corbis;
96 fStop/Alamy; **98** Johner Images/Alamy; **101** Bowery Lane Bicycles (www.bowerylanebicycles.com) and Travis Huggett (www.travishuggett.com); **103** Tony Burns/Getty Images;
104–105 illustrations by Chloe True; **106** © J.P. Greenwood/ Corbis; **107–111** illustrations by Qian Wu; **112** Wayne Tippetts/ Rex Features;
114 © 2010 Getty Images; **115** © 2012 Jacopo Raule/Getty Images; **116** © Gil Giuglio/Hemis/Corbis; **119** photo by Søren Solkaer; **121** © Isaac Lane Koval/Corbis; **122** © Liang Qiang/Xinhua Press/Corbis; **125** Colin Cooke/taverneagency.com

索引

WSD（女性向けデザイン）の自転車　39

あ
アーミステッド、リジー　7, 16, 120
アームストロング、クリスチン　7, 16, 63, 90, 120
合図　47
アクセサリー　80-5
　ハイビズ（高視認性）　69
　バッグ　66, 82, 83, 85, 89
　ヘルメット　36-7, 83, 85, 86, 89, 120
アレンキー　99
田舎向きの自転車　33
イメージ　21, 22
　BMXと　123
　トラック競技　123
　美容法　86-9
　ヒント　90-3
　服装　64-72
　ブランド　80-5
　マウンテンバイキング　122
　インナーチューブ　99, 107, 109
　ウェア　64-72
　デザイナーブランド　80-5
　手本　90-3
　トラック競技用　123
　BMX用　123
　マウンテンバイク用　120
　ロードバイク用　122
ウェイク、ジェーン　74-7
運動のメリット　18, 53, 55, 56, 63
エクササイズ　46-7, 74-7
追い越す車　46, 51
折り畳み式自転車　30

か
鍵　34
重ね着　71-2, 89
貸出システム　62
カスタマイズ　32
家族向きのサイクリング　20, 118
髪とヘルメット　86
ギア、点検　101
キャリー＝キャンベル、ミレン　57
緊急停止　46
キング、ダニー　7, 16, 17, 92, 123
空気入れ　99
クリート　69
健康増進　18, 53, 55, 56, 63
郊外向きの自転車　33
公共交通機関　62
交差点　51
固定ギア自転車（フィクシー）　32
子どもとサイクリング　20, 118

さ
サイクロデリック　82, 83
坂　56
サドル　55, 101, 111
事故　19
転倒　55, 124
　ヘルメットと　37
　保険　36
自己主張　52-3
自信をつける　19, 21, 45, 52-3, 55, 124
自転車
　インナーチューブ　99, 107, 109
　選び方　27-41
　鍵　34
　ギア　101
　サドル　55, 101, 111
　種類　28-32
　タイヤ　21, 62, 99, 100, 107-10, 110
　チェーン　34, 100, 101, 104-5
　ハンドルバー　100, 111
　フレーム　100
　ペダル　101
　メンテナンスと修理　21, 62, 99-105
　ライト　34-6, 101
自転車通勤プログラム　34
自転車店　39-40, 102
自転車モトクロス　122-3
自転車用スパナ　99
自転車用レーン　52
自転車を買う　39-40
寿司、自転車の　103
食事、サイクリストのための　72-3
職場
　自転車通勤　61-2
　自転車通勤プログラム　34
　シャワー　22
ショッパー　31
シングルスピードの自転車　32
スキンケア　86-7
ストーリー、サラ　7, 93, 123
スポーツ　16-17, 90-3
洗浄　100-2

た
タイヤのメンテナンス　106-10
タイヤレバー　99
ダッチ・バイク　31
チェーン
　潤滑剤　100
　点検　101
　メンテナンス　104-5
中古の自転車　40
通勤　18, 19, 61-2
ツーリングバイク　29
手袋　66-8
電気自転車　32
天候　21, 54, 56
　服装　71-2
盗難、保険　36
道路での安全　48
合図　47
　位置決め　51
　左折・右折　47
　自転車用レーン　52
　自動車ドライバーとのやり取り　51
　ラウンドアバウトと交差点　51

都会向きの自転車　33
トロット、ローラ　7, 16, 90-2, 123

な
妊娠　94
ノース・フェース　83

は
ハイウェー・コード　48
ハイブリッド自転車　30
バッグ　66, 82, 83, 85, 89
パニエ　66, 85
バランス、練習　47
ハンドルバー　100, 111
日焼け止め　86-7
美容法　86-9
フルーリオ、エイミー　82, 83, 86, 118
2人乗り自転車　118
ブレーキ　46
ブレーキ、点検　101
フレーム、点検　100
ペダル、点検　101
ヘルメット　36-7
　髪形と　86
　デザイナーのヘルメット　83, 85, 89
　マウンテン・バイキング　120
ペンドルトン、ヴィクトリア　7, 16, 63, 90, 93, 117, 123
ホイール、点検　100, 101　パンクの項も参照
防水ウェア　66, 120
保管環境　33, 55
保険　36
ポスト、アリス　122
歩道　48

ま
マーティン、アリエル　122
マウンテンバイキング　28, 120
ミアーズ、アナ　123
メイク　87
メッセンジャーバッグ　66
メンテナンスと修理　102-11
　アフターサービス　102-11
　チェーンのメンテナンス　104-5
　パンク　21, 62, 99, 107-10
　必須の道具　99-100
　メカの問題　62
　メンテナンスのカレンダー　100-2

や
やる気　18, 54-7, 124

ら
ライト　34-6, 101
リード、シャネーズ　122
リュックサック　66
旅行　117-18
レッスン、サイクリスト向け　45, 48, 53, 62, 124
練習、初心者と　45-8, 53
ロードバイキング　28, 120-2
ローン　34
ロスウェル、ジョアンナ　7, 16, 92-3

ガイアブックスの本

サイクルペディア 自転車事典

無類の自転車愛好家の著者が、自身の膨大なコレクションから厳選した世界中の名車や希少な車両100台を紹介する写真図鑑。細部まで繊細に作りこまれたロードレーサーや、技術が光る折りたたみ車、長距離走を意識しデザインされたツーリングバイク等々、用途目的に合わせて盛り込まれた技術と理念、優れたファッション性とデザインを楽しめる。

著者：マイケル・エンバッハー
本体価格：2,800円
A4変型(282×216×27mm) ／上製／オールカラー

The Girl's Guide to Life on Two Wheels
女性のためのサイクリングガイド
おしゃれでカッコいい自転車のライフスタイル

発　　行	2014年4月1日
発 行 者	平野 陽三
発 行 所	**株式会社 ガイアブックス** 〒169-0074 東京都新宿区北新宿3-14-8 TEL.03（3366）1411 FAX.03（3366）3503 http://www.gaiajapan.co.jp

Copyright GAIABOOKS INC. JAPAN2014
ISBN978-4-88282-902-7 C0075

落丁本・乱丁本はお取り替えいたします。
本書を許可なく複製することは、かたくお断わりします。
Printed in China

著者：**キャシー・バッセイ**（Cathy Bussey）
フリージャーナリスト。元『PR Week』の副編集長。『Brilliant PR』など数冊の著書があり、ラジオやテレビに頻繁に出演している。夫と幼い娘、そして2台の自転車とともにロンドン在住。

訳者：**大田 直子**（おおた　なおこ）
東京大学文学部社会心理学科卒業。訳書に『FINE WINE スペイン　リオハ＆北西部』、共訳書に『地図で見る図鑑　世界のワイン』『死ぬ前に飲むべき1001ワイン』（いずれもガイアブックス）など多数。